男たちの修道

井川 樹

Shudo Junior & High School

南々社

男たちの修道

はじめに

「出身校はどちらですか？」

こう尋ねられると、一体どう答えるだろうか。大学卒業の人なら、例えば東京大学、広島大学、早稲田大学、同志社大学……。ほとんどの人は、そう答えるだろう。

ところがである。他社との会議の時、または、接待の時に、広島で同じ質問をすると、高校名を聞かされることが多い。とりわけ修道学園出身なら、その傾向は顕著である。そして、「修道」と答える人の顔からは、母校への愛着心に加えて、何がしかの「誇り」が感じられる。

修道生ＯＢはどうして、これほどまでに母校を愛するのだろうか。単なる懐かしさだけだろうか——。その不思議さは募るばかりだった。その疑問を解いてみたいと思ったのが、「男たちの修道」の執筆の動機だった。

今回、改めて多くの修道関係者に会った。在校生・教師・父母はもちろん、多くのOBからも話を聞いた。いずれも、忙しい人ばかりだったが、「修道時代の思い出を聞かせてほしい」「修道時代に学んだことは……」と持ち出すと、ほとんどの人が、一も二もなく、承諾してくれた。本当にありがたいことである。

まさに混迷の時代である。不確実という安直な言葉だけでは、言い表すことのできない厳しい時代でもある。将来の日本の行く末を考えた時、やはり胆になるのは「教育」であろう。「教育」の重要性が、より一層求められることに対して、異議を唱える人は皆無だろう。

大上段からこの「教育」問題を考えることも、もちろん必要だろう。だが、教育現場の今を通しながら、それを考えることも重要だ。その意味では、287年という、気の遠くなるような伝統を誇り、多くの卒業生を輩出し、さらには、広島地区をはじめとして各地で、その影響力を示している修道中学・高等学校こそ、俎上に載せるのは最適と思った。

冒頭で述べた質問に「修道」と答え、質問者も出身が「修道」だった場合、必ず次のように聞かれるという。「バッジは何色?」と。修道には6色のバッジがあり、6年間同じ色のバッジを身に付けるそうだ。だから、バッジの色を知ることで、先輩、後輩関係が、明瞭に分かるというわけだ。そして、二人の「距離」も一段と近づくというのだ。

287年の伝統を誇る修道学園。伝統を大切にしながら、改革の歩も速めている。その修道学園が、今も昔も変わらないのが「男臭さ」——。まずは、プロローグとして、2011年にテレビドラマ「家政婦のミタ」で脚本家として大ブレークした、修道OBの遊川和彦さんの「独白」から始めよう。ちなみに、「家政婦のミタ」は、2012年6月、世界中のテレビ番組から優秀作品を選ぶ「マグノリア賞」の海外連続テレビドラマ賞の銀賞を受賞している。

活躍するOBたち（年次順）

●政界

亀井静香
（衆議院議員・高校7回）

峰崎直樹
（参議院議員・高校15回）

斉藤鉄夫
（衆議院議員・高校22回）

菅川洋
（衆議院議員・高校39回）

松本大輔
（衆議院議員・高校42回）

●地元政界

城戸常太
（広島県議会議員・新中14回）

木島丘
（広島市議会議員・高校4回）

土井哲男
（広島市議会議員・高校6回）

浅尾宰正
（元広島市議会議長・高校9回）

林正夫
（広島県議会議長・高校11回）

児玉光禎
（広島市議会議員・高校12回）

野村常雄
（広島県議会議員・高校12回）

山木靖雄
（広島県議会議員・高校14回）

冨永健三
（広島県議会議員・高校20回）

藤田雄山
（元広島県知事・高校20回）

井原修
（広島県議会議員・高校23回）

砂原克規
（広島県議会議員・高校24回）

中原好治
（広島県議会議員・高校33回）

福知基弘
（広島県議会議員・高校42回）

三宅正明
（広島市議会議員・高校43回）

緒方直之
（広島県議会議員・高校44回）

●官僚・元官僚

滝川雄壮
（元気象庁長官・高校10回）

重家俊範
（元韓国大使・高校17回）

有本建男
（社会技術研究開発センター長・高校19回）

新原芳明
（造幣局理事長・元富山県副知事・高校20回）

森信茂樹
（元東京税関長・高校20回）

三本松進
（無人宇宙実験システム開発機構専務理事・高校21回）

東正和
（元東京国税局長・高校21回）

土屋定之
（文科省・科学技術・学術政策局長・高校24回）

重田雅史
（国土交通省大臣官房会計課長・高校30回）

上田康治
（環境省環境安全課長・高校36回）

●経済人

林有厚
（東京ドーム相談役・高校1回）

佃和夫
（三菱重工業会長・高校14回）

三浦惺
（NTT会長・高校15回）

大歳卓麻
（日本IBM最高顧問・高校19回）

住川雅洋
（元日本銀行広島支店長・高校19回）

森安俊紀
（東芝顧問・高校19回）

杉原章郎
（楽天 取締役 常務執行役員・高校40回）

●**地元経済人**

鵜野俊雄
（ヒロテック相談役・高校6回）

白倉茂生
（元中国電力社長・高校6回）

大下龍介
（福屋会長・高校7回）

松田欣也
（広島マツダ会長・高校7回）

森本弘道
（もみじ銀行特別顧問・高校7回）

山下泉
（ゼネラル興産社長・高校7回）

高木一之
（広島信用金庫会長・広島経済同友会代表幹事・高校10回）

深山英樹
（広島ガス会長・広島商工会議所会頭・高校12回）

熊平雅人
（熊平製作所会長・高校13回）

山根恒弘
（山根木材会長・高校13回）

貫名賢
（大栄電業会長・高校14回）

今井誠則
（東洋観光グループ代表・高校17回）

白井龍一郎
（中国醸造会長・高校18回）

三村邦雄
（三村松社長・高校18回）

西川正洋
（西川ゴム工業社長・高校19回）

伊藤學人
（イトー社長・高校20回）

山本秀明
（金正堂社長・広島県書店商業組合理事長・高校21回）

濱本康男
（広島高速交通社長・高校23回）

福田浩一
（山口フィナンシャルグループ社長・高校23回）

山本茂樹
（大進社長・高校23回）

三島豊
（三島食品社長・高校24回）

（次ページへ）

●地元経済人

（前ページから）

世良與志雄 （フタバ図書社長・高校 26 回）	鵜野徳文 （ヒロテック社長・高校 33 回）
中村靖富満 （やまだ屋代表取締役・高校 30 回）	藤井一裕 （広島トヨタ自動車社長・高校 34 回）
中本祐昌 （ウッドワン社長・高校 31 回）	丸岡弘二 （廣文館社長・高校 34 回）

●大学・教育界

河野富士雄 （元修道学園校長・高校 4 回）	竹田洋一 （国立天文台准教授・高校 25 回）
畠眞實 （元修道学園校長・高校 7 回）	鶴 衛 （鶴学園理事長・総長・高校 28 回）
増原義則 （元衆議院議員・広島経済大学教授・高校 16 回）	河浜一也 （河浜塾会長・高校 30 回）
市川太一 （広島修道大学学長・高校 18 回）	

●弁護士

弘中惇一郎
（弁護士・高校16回）

加藤寛
（元広島弁護士会会長・
高校19回）

佐藤博史
（弁護士・高校19回）

山下江
（山下江法律事務所所長・
高校23回）

大迫唯志
（元広島弁護士会会長・
高校26回）

●病院

小松昭紀
（広島市歯科医師会顧問・
高校6回）

土肥雪彦
（元県立広島病院院長・
高校6回）

大濱紘三
（広島県病院事業管理者・
高校12回）

神辺眞之
（世羅中央病院企業団企業長・
高校13回）

三嶋弘
（元広島鉄道病院院長・
高校14回）

山肩俊晴
（元修道医会会長・山肩内科クリニック院長・高校14回）

黒田義則
（元JA尾道総合病院院長・
高校15回）

土肥博雄
（日本赤十字中四国ブロック血液センター所長・広島赤十字・原爆病院名誉院長・
高校16回）

桑原正雄
（県立広島病院院長・高校17回）

相模浩二
（元国立病院機構東広島医療センター院長・高校17回）

岩森洋
（中電病院院長・高校18回）

井内康輝
（修道医会会長・高校19回）

多幾山渉
（安佐市民病院院長・高校21回）

世戸芳博
（広島三菱病院院長・高校23回）

●文化

織井青吾
（ノンフィクション作家・高校2回）

今子正義
（著述業・高校7回）

寺本泰輔
（呉市立美術館館長・高校9回）

上田宗冏
（上田宗箇流家元・高校16回）

小沢康甫
（広島民俗学会理事・編集者・高校18回）

町支寛二
（ギタリスト・高校23回）

岡崎倫典
（ギタリスト・高校24回）

遊川和彦
（シナリオライター・高校26回）

神足裕司
（フリーライター・コラムニスト・高校28回）

難波圭一
（声優・高校28回）

吉川晃司
（歌手・俳優・高校36回）

石田匠
（歌手・高校43回）

片上大輔
（日本将棋連盟棋士六段・高校52回）

●スポーツ

下村幸男
（元サッカー日本代表監督・高校2回）

横地森太郎
（水泳ポルトガル元代表監督・高校6回）

森健兒
（元日本サッカー協会専務理事・高校8回）

山縣亮太
（ロンドン五輪陸上代表・高校63回）

●マスコミ

金井宏一郎
（元中国放送社長・高校11回）

岡谷義則
（中国新聞社社長・高校19回）

脇祐三
（日本経済新聞社執行役員・
コラムニスト・高校23回）

福井謙二
（フジテレビアナウンサー・
高校24回）

佐伯正道
（広島朝日広告社社長・
高校25回）

山中秀樹
（フリーアナウンサー・
高校29回）

●故人

加藤友三郎
（元総理大臣・広島藩校修道
館に学ぶ）

荒木武
（元広島市長・旧中24回）

藤田正明
（元参議院議長・旧中30回）

平山郁夫
（画家・元東京芸大学長・
旧中39回）

碓井静照
（広島県医師会会長・高校8回）

大田哲哉
（元広島電鉄社長・高校11回）

森孝慈
（元浦和レッズ監督・
高校14回）

もくじ——男たちの修道

森本弘道（高校7回生・もみじ銀行特別顧問・山口フィナンシャルグループ取締役会長）
高木一之（高校10回生・広島信用金庫会長・広島経済同友会代表幹事）
林　正夫（高校11回生・広島県議会議長）
上田宗冏（高校16回生・上田宗箇流家元）
土肥博雄（高校16回生・日本赤十字社中四国ブロック血液センター所長・広島赤十字・原爆病院名誉院長）
弘中惇一郎（高校16回生・弁護士・自由人権協会前代表理事）
桑原正雄（高校17回生・県立広島病院院長）
市川太一（高校18回生・広島修道大学学長）
大歳卓麻（高校19回生・日本ＩＢＭ最高顧問）
佐藤博史（高校19回生・弁護士）
濱本康男（高校23回生・広島高速交通株式会社代表取締役社長・広島市元教育長）
福田浩一（高校23回生・山口フィナンシャルグループ代表取締役社長）
山下　江（高校23回生・山下江法律事務所所長・弁護士）
世良與志雄（高校26回生・フタバ図書代表取締役社長）
鶴　衛（高校28回生・学校法人鶴学園理事長・総長）
松本大輔（高校42回生・衆議院議員）

装　丁／スタジオアルタ　久原 大樹
DTP／K・PLAX　角屋 克博
写真提供／修道学園
編　集／西元 俊典

プロローグ　遊川和彦さんと修道学園

修道名物の「仮装行列」。遊川さんの脚本家としての原点もここにあった

2011年冬、遊川和彦さんが脚本を書いたテレビドラマ「家政婦のミタ」が一世を風靡した。最終回の視聴率は40％を超え、歴代3位という最高の数字をたたき出した。2012年9月からのNHK朝の連続テレビ小説「純と愛」の脚本も担当する。その遊川さんの脚本の原点は、どうやら、修道高校時代の体育祭で書いた脚本にあったらしい。

遊川さんの修道時代は、どんな生徒だったか――。その人柄がしのばれる象徴的なエピソードがある。一番仲のよかった友人が「遊川ワンマンショー」と名付けていたという「催し」である。

昼下がりの古文の授業。それでなくても、ほとんどの生徒にとっては退屈な科目である。その授業が一転、笑いの渦に巻き込まれる。高校1年だった遊川君が、担当教師の物まねをするのだ。

その「前提」として、友人が出席簿の中に、「遊川ワンマンショー」と書いた紙を忍ばせておく。今でいう「台本」になるのであろうか。授業が少し中だるみになる時間帯に行われる、この「催し」を、その物わかりのよかった教師は、許可してくれたのだ。

先生の物まねは、教室に入るところから始まる。先生から黒縁メガネを借りて、本人になりきる。何とも芸が細かい。もちろん、独特の言い回しも研究した。「演壇から、みんなが笑う姿を見るのは、快感以外の何物でもなかった」。他には代えがたい幸福感のようなものだった、という。

「♪うわさを信じちゃいけないよ。あなたの心はうぶなのさ」。時には、当時流行っていた山本リンダの「どうにも止まらない」を振りつきで歌った。「好きなことをやらせてくれる雰囲気が、修道にはありましたね」。その友人は、今でもその情景を思い出す。

遊川さんは、自己表現として、人を楽しませることを知った。人をおちょくると言ってもいいのかもしれない。

高校2年の時、文化祭でクラスの出し物をすることになった。「脚本を書いて、主役をしたい」と思ったが、遊川さんの脚本は、選ばれなかった。それでも、別の人が作った時代劇「鞍馬天狗」を演じたが、見事なほどすべった。アドリブを加えても悲惨だった。客が一人減り、二人減り、最後には誰もいなくなった。「つまらないものを見せる恐ろしさを知りました」と振り返る。

そして高校3年。修道では、歴史を示す「〇〇年祭」と言われる「体育祭」で、脚本を担当した。題して「必殺仕置き人——白鳥の湖」。当時、藤田まことが主演する、この時代劇が人気を博していたが、それに奇想天外にもバレリーナを加えたのだ。

途中でいきなり筋立てが変わる。美術やアクションにもこだわった。本物のレントゲンのように見える「骸骨」の模型も工夫した。「なかなかの出来栄え」と好評を博したが、「優勝」はできなかった。それでも担任からは「俺は一番良かったと思う。でも、イベントはこれまで。明日からは受験勉強だ」と言われたという。

修道の6年間が、遊川さんの将来にどのような影響を与えたのか——。

大竹市から修道に通った。入学した時は「天才」と思っていたのが、次第に「秀才」に、そして「普通」の人に。少々、能力に自信のあった少年が陥るパターンだった。

修道は、いわゆる進学校だが、地元ではトップの進学実績ではない。そんな修道の雰囲気は、一言で表すと、縛られない自由があること。その自由を謳歌する。そういえば、真っ赤なTシャツを着て登校したことがある。当時、高校になると、制服はなく普段着でもOKになったが、「さすがに派手すぎる」と言われ、ダメ出しを喰らった。

その一方で、修道には、ある種のエリート意識もあるという。「その意味では、中途半端かな。でも、その中途半端だからこそ、コンプレックスやジェラシーを抱えながら、色々なことを考え、人の気持ちが分かる。所詮、人の気持ちが分からないと、どんなことをしてもうまく行かない」。遊川さんは自説を展開する。

修道高校を卒業して、広島大学政経学部に進学した。お世辞にも勉強したとは言えなかった。5年間通った。アルバイトは映画館を回って、アイスクリームを売っていた。広島リッツや宝塚会館などだ。映画をただで見ることができるので、このバイトを選んだ。「スターウォーズ」「未知との遭遇」が流行った時代だ。

卒業後、劇団「無名塾」のテストを受けたが、見事に落ちた。水着1枚になって、喜びや悲しみを表現しなさい、という試験だった。受けながら「だめだ」と思った。結果も予想通り、不合格だった。東京の専門学校に行こうと思った。それを告げた時、母からの言葉が忘れられない。

「私があなたにあげられるのは、自由だけ」と。修道で過ごした「自由」と、母の言う「自由」が重なった。

その後は、テレビ制作会社のディレクターを経て、脚本家としてデビュー。「学校へ行こう！」「ＧＴＯ」「女王の教室」と学校ものが多い。とりわけ、最近は、「男はダメ。女は強い。男は偉そうにしていても、所詮見栄っ張り……」と感じる日々。だからこそ、それを強調する脚本を手掛ける。修道の6年間は、男だけの閉鎖された世界だった。当然、女性と触れ合う機会もなかった。「大学に入って、すぐ近くに女性がいる『違和感』、そして楽しさは、忘れることができない」。その意味では、遊川さんも不器用だったという。

そして、大なり小なり、修道時代の経験が、今の脚本に生きている。

後輩へのメッセージは――。

「人について行こうとか、取り残されないようにという考えは、つまらない。

自分からはみ出そう。違うものを目指そう。そんな気持ちが大切」という。「世の進運に魁《さきが》けん」と校歌にもある。

「才能、未知の能力は誰にもある。求めていれば、いつかチャンスは訪れる。個性を出した方が、生きていける。社会のしくみは確実に変わってきている」とも。

修道の6年間でたくさん失恋し、たくさん悩み、絶望から這い上がる。その中から、やりたいことを見つけることが大切と思う。

最近の若者は怒りがなくなったという。単なる「分析」や「説明」を行うだけではだめだ。もっと人と直接的に「交流」した方がいい。困ったら「検索」ではなくて、人に聞け。同じ悩みを持つ人を知ると、ほっとする。そして、たくさんの人がいる中で、目立つものは何かを考えなさい、というわけだ。

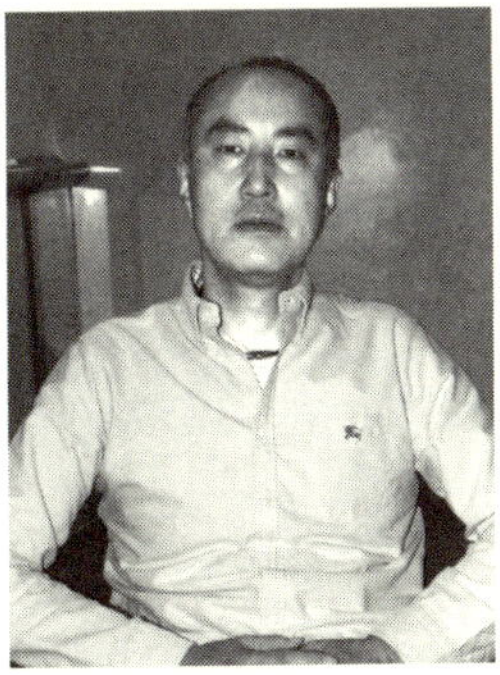
修道は脚本家としての原点だった（遊川氏）

「私自身、自分のやりたい作品を書く。ドラマでたとえ役者を怒らせたとしても、自分の意思を通す方が楽だし、自分に素直な生き方のほうが後悔もしない」

◇◇◇

遊川和彦さんは、1955年10月24日、東京生まれ。小学1年の時、大竹市に転居した。修道中・高校から広島大学政経学部に進む。高校26回生。現在、脚本家として活躍。東京都在住。

第1章　男同士のぶつかり合い

修道高校の卒業式。閉会の辞の後、恒例の
「ちょっと待った！」のパフォーマンスも

修道に女子生徒が来る日!?

2025年4月某日――。

春爛漫、桜の花が咲き誇る中、南千田西町の修道中学校の入学式に、開校以来、ちょうど300年目にして、初の女子学生の姿があった。人数そのものは少ないが、有名ブランドのブレザー、スカートに身を包んだ、女子学生の姿は、まぶしいばかりだった。だが、見慣れた風景に出現した、この新しい光景に、来賓の修道OBたちは、なぜか落ち着かない様子だった。

「安芸の小富士に茜《あかね》さし」の校歌が流れ始めても、聞こえるのは男たちの低い声ばかり。出席していたはずの女子学生の声は聞こえてこない。

一体どうしたことか――。

それからほどなくして、その光景が、私の夢であることが分かった。全く架空の夢か、はたまた正夢となるのか――。

ある校長の「提言」

ところで、なぜ、こんな夢を見たのであろうか。もしかしたら、数か月前に聞いた、ある中学校校長の言葉が耳から離れなかったからだろうか。

それは、呉市立昭和北中の中塩秀樹校長のある提言だった。独自の学習法を開発し、呉市立横路中学や広島県立賀茂高校などで、校長、教頭として飛躍的に合格実績を伸ばしてきた人物だ。進学のプロとして、全国の教育界でもかなりの有名人らしい。

中塩校長はこう力説する。

中学・高校の中等教育を考えた場合、前提として、男女共学への大きな流れがある。

小学校の時には男女共学で楽しく学ぶ。その延長線上として、思春期の男子は当然、女子に興味を持ち、女子はまた男子に興味を持つのが自然の流れ。だから、男女が同じ教室で、机を並べることこそ、本来の姿という。

加えて、現在の少子化傾向が、この男女共学の流れを強力に後押しする、と解説する。さらに、いっこうに収まらない経済的な不安定さが、これまで私学に行っていた生徒を、公立に鞍替えさせる、とつけ加える。

また、ゆとり学習の時代とは打って変わり、広島市立基町高校をはじめ、公立の高校が大学入試で実績を伸ばしている。つまり、今は私学の冬の時代。今後、この傾向は一層避けられないというのだ。

中塩校長は続ける。修道中学校が、これまでと同じ定員の生徒を獲得しようとすると、以前なら合格圏に達していなかった生徒も、合格させなければならなくなるというのだ。そうすれば、相対的に学力が下がり、大学入試における進学実績を上げることは難しくなる。そこで、当然の帰結として「男女共学」への転換が求められる、という論理だ。いわゆる中学受験上位校で、このような改革を行えば、広島学院、ノートルダム清心といった最上位校の男女生徒を、修道に引き寄せることが可能だという。その結果、間違いなく、修道は、一人勝ちになるという図式だ。

ちょうど20代目となる田原俊典校長は、私学に厳しい時代になった、と認めつつ「修道は男子校の道を堅持する。その上で建学の精神を大切にしながら、世の中を引っ張る生徒を輩出したい」と強調する。21代目の林正夫理事長も「伝統ある修道は、これからも男子校の良さを追求していく」と同じ見解だった。

日本史の教諭でもある、修道中学校の山内俊二教頭にも、男女共学の話を持ち出してみた。「修道がそれを選択することは、絶対ありませんね。これまでに一度として話題に上ったことはないし、これからもないでしょう」と強調した。

「もちろん、男女共学の教育を否定するわけではないが、男子校には男子校のよさは当然ある。授業一つとっても、男子と女子では異なる。例えば、男子の場合は困難な問題を与え、誰かにそれを解かせることで、『あいつには負けたくない』と鼓舞させるような男子向けの方法に対して、女子の場合は、地道に段階を追いながら目標を達成させる方法という具合だ。他校のほとんどが、男女共学を選択したとしても、修道は男子にこだわる。男子だけの濃密なぶつかり合いを大切にしたい。というより、そういう状況になれば、修道の特徴を今以上に発揮できるのではないか……」。山内教頭の返答には、男子校としてのプライドが満ち溢れていた。

男子だけの濃密な関係

「知徳併進」「文武両道」——。

修道学園に足しげく通いながら、また、数多くの修道OBに会ったこの4、5か月で、一体何回、このフレーズを聞いたことだろうか。

つい最近では、ほとんど「死語」になっている言葉と感じていた。いや、少なくとも書物の中でしか、滅多に出合うことのなかった言葉だった。それが、この言葉を発するさまざまな世代に、頻繁に接することになったのだ。50歳代、60歳代、70歳代はもとより、20歳代の修道学園OB、現役の修道生に至るまでである。

この「知徳併進」の勧めを、少し難しい言葉と感じるなら、「かっこいい男になれ！」と言い換えてもよいだろう。実際、最近の修道中学・高等学校では、「知」を深め、「心」を磨く「知徳併進」はもちろんだが、「かっこいい男になれ！」という言葉が、よく用いられる。入学式しかり、卒業式しかり、運動会しかり、そして文化祭しかりである。

男子だけの濃密な関係を堅持する修道学園。その先頭に立つのが、田原俊典校長だ。あらゆる機会を通じて、生徒に対してだけでなく、保護者に、この言葉を投げかける。かっこいい男とは、何も見てくれのことだけを言うのではない。心技体すべてにわたってすべての面で「かっこいい男」を指すのだ。自立した、責任感を持つ男を目指そうという、いわば修道生にとっての合言葉なのだ。

「ちょっと待った！」卒業式

その「かっこよさ」に最近、出くわした場面があった。

２０１２年３月３日――。修道高校の第64回卒業式のことである。

「ちょっと待った！」

この「儀式」ともいえる発言は、修道学園を語る上では、欠かすことができない、一つの「しきたり」とも言える。卒業生にとっては、至極、当たり前の「光景」だろうが、外部の者から見ると、やはり奇異に感じるに違いない。

「以上を持ちまして、第64回の高校卒業式を終了します」――。

卒業式の「式次第」が無事終わった時、今回も、卒業生から「ちょっと待った！」の声がかかった。島津真助君である。参列者のだれもが「待ってました！」と言わんばかり。驚く表情を浮かべるものなど、私を除いて皆無なのである。

その声をかけた島津君は、おもむろに壇上に上がり、「お父さん、お母さんありがとうございました……」と感謝の言葉を述べ始めた。切々というよりは、心を込めながらも、むしろがなり立てている感じだ。その感謝の言葉の中で、「発言」を求められたのが、高校3年（6年）の学年主任である蔵下一成教諭（美術担当）だった。

「運動会の時、みんなに胴上げしてもらって、落とされそうになった時は、本当に死ぬ思いがした」と言った後、声のトーンを少し変えて「昨日は雨でした。でも、今日は快晴です。あしたは、再びあいにくの雨の予報です。私の『晴れ男伝説』は健在です。これからの君たちの長い人生を『晴れ』にしてもいいかな」――。

そう声をかけると、卒業生からは口々にテレビの人気番組をもじった「いいとも」の合唱。このやり取りを見聞きしていると、理由もなく目頭が熱くなった。

この「ちょっと待った！」という儀式は、果たしていつごろから始まったのか――。学校側も資料を取っているわけではないので、正確には分からない。ただ、10年、20年前とさかのぼって、当時の卒業生に聞いたところ、「ちょっと待った！」の記憶はあるという。それほど長い修道高校の卒業式の「儀式」

なのだ。

以前は、もっとハチャメチャだったらしい。来賓はまだ壇上の上に残っている。それにもかかわらず生徒たちは、肩を組んで突然、歌いだしたり、壇上で担任を次々に胴上げしたり、クラッカーを一斉に鳴らしたりした時もあった。

まさに「自由」「豪放」が持ち味である修道ならではの卒業式だ。だが、眉をひそめる関係者は誰一人もいなかったという。むしろ、拍手喝采だったのだ。まさに、男だけの社会だからこそできる、感動の卒業式であろう。

今回、「ちょっと待った！」以上に胸を打たれた場面があった。「待った」の前にあった卒業生代表・小田啓君の答辞だった。「ちょうど1年前、先輩の卒業を祝った時に、最上級生になった責任の重さをずしりと感じた。これが伝統というものだろうか……」。そんなあいさつに続いて、高校3年（6年）の8人の担任一人ずつに対して、感謝の言葉を送ったのだ。

「ある日突然、その強烈な関西弁を引っ提げて、先生は我々の前に現れた。我々は、ひたすら圧倒されるばかりだった」

「物理の模擬テストでは、ライバル校である広島学院を上回る平均点を挙げることができた。これもすべて、先生のおかげというものです」

「授業中、質問に答えることのできなかった私たちに投げかけられた、悲壮感に満ちた先生のあの表情が、今でも忘れられない……」

教師と生徒の信頼関係がなければ、決して発することのできないメッセージの数々。6年間を修道学園に託した父母たちも、このやりとりに満足そうである。私自身、尊敬する「かっこいい先生」たちに対して、「僕たち卒業生も、少しは『かっこいい男』に近づきましたよ」と、訴えているように感じた一コマだった。

卒業後も続く「男」の関係

卒業式を見ているだけで、男同士の濃密な関係はすこぶる見て取れる。だが、実はその関係は、卒業後の方がより強くなるようだ。しかも、生涯にわたってずっと続いているようだ。

2011年11月7日。修道学園同窓会の名誉会長で、広島電鉄の大田哲哉会長（高校11回生）が逝去した。鬼籍に入る7カ月前まで、同窓会長として、同窓会の取りまとめに尽力してきた。12月20日、リーガロイヤルホテル広島で開かれたお別れの会で、友人代表としてあいさつに立った広島県議会の林正夫議長（高校11回生）は「根っからの広島人で、広島を愛し、発展を願っていた。心にぽっかり穴があいたようだ」と、涙を隠しきれなかった。

広島商工会議所会頭と広島県議会議長として、互いに切磋琢磨しながら広島県を引っ張ってきた。それぞれの立場で幾度となく議論を闘わせた。だが、その根底には、修道の同級生として６年間同じ釜の飯を食った体験があったからこそ、その信頼関係はゆるぎないものだった。それだけに、色々な思いから、つい言葉に詰まったのだろう。

「初恋の相手から、失恋の話。それに一緒に悪さをしてきたことなど、男としてのすべてを互いに知っている」というのは、広島信用金庫の高木一之会長（高校10回生）。高木会長らは、50歳になった時から、毎年同期会を開いている。互いをあだ名で呼び合い、酒を酌み交わすにつれ、話題はいつも修道時代の話に戻るという。

さらに、上田宗箇流家元の上田宗冏氏と民主党を離党した小沢一郎元代表の主任弁護士である弘中惇一郎弁護士は、互いに高校16回生。二人を含めて同窓生約10人は、月１回は鎌倉カントリーでゴルフをし、年１、２回はカープ観戦をしている。

7、8年前までは、同じ教師集団による、6年間の持ち上がりが基本だった。なかには、6年間まったく同じクラスというケースもあった。現在は、必要に応じて教師が交替するフレキシブルなしくみを取り入れているという。「より多くの教師が、生徒にかかわる方が、学校全体で生徒を見ることができる」という理由のほか、教師が固定された場合、相対的に、最上の評価を受ける学年と、そうでない学年が生まれ、保護者から、不満が出るケースもあるからという。
この6年間持ち上がり方式には、一長一短があるだろうが、卒業後まで続く教師を含めた、男同士の強いつながりの一因だったことには違いない。

「海」は男の世界

今の修道には、他校に見られない男同士の強いつながりを育む、さまざまな特異な行事がある。その目的は、単に楽しむというわけではない。「自由」の意味を知り、そして男として、人間としての「自主性」を育むことである。

生徒会長の小澤啓介君（高校2年）も「修道は色々な意味で、『自由』が多い。さまざまな行事を通して、自分たちの思うままに、仲間と協力しながら友情を深め合える男同士の関係は、本当に修道に入ってよかった、と感じる。でも、時々は、女の子がいた方がよかったと思う時もあるけど……」と打ち明ける。

高校2年（5年）になると、豪華客船「ふじ丸」をチャーターし、3泊4日の日程で、屋久島と奄美大島へ向かう修学旅行がある。以前は、屋久島と種子島のコースの時もあった。

「ふじ丸」は、日本初の外航クルーズ船として就航した大型客船だ。総トン数は2万3235t。全長167m、全幅24m、最大定員600人。「海のプリンセス」とも言われる。

この豪華客船を一隻まるごと借り切って、大海原を旅する。600人の定員の客船を、2分の1に当たる300人で利用する、何ともぜい沢な、男だけの修学旅行である。

真っ青な海を眺めることのできるデッキで、豪華ランチを食べたり、大型スクリーンを備えた船内で映画を見たり……。優雅そのものの修学旅行は、通常のバスや飛行機、列車を使った移動とは、また違った経験になる。

自然の宝庫である屋久島の大自然に触れ、「シュノーケリングコース」では、ウエットスーツで海水浴場から泳ぎ出し、黒潮の海でサンゴと熱帯魚を観察す

中学２年の夏に行われるカッター研修。生徒たちは、結束の大切さなどを学ぶ

る。「世界観が変わった」と興奮冷めやらぬ生徒も多い。「体験ダイビングコース」「トレッキングコース」「サイクリングコース」などコース別の研修も充実している。記念写真に収まる顔、顔、顔は、当然すべて男である。

校歌にも「♪安芸の小富士に茜《あかね》さし……」と歌われている、瀬戸内海に浮かぶ似島。その校歌からも分かるように、修道学園には、このほかにも海を活かした行事が多い。中学2年(2年)の夏に行われる「カッター研修」もその一つだ。

カッター研修と言っても、２泊３日の日程で行われる本格的なものだ。さんさんと照りつける太陽のもと、１日がかりで沖合５㎞の島まで往復したり、数百mの距離で速さを競うレースを行ったりする。最後まで仲間とオールを握り、競い合いことで、粘り強さ、結束の大切さを学ぶ。真っ黒に日焼けして、家庭に帰った生徒たちは、一回り成長したように見える。

人間性を高める班活動

勉強だけでは身に付けることのできない、ホンモノの人間形成を目指した、さまざまな取り組みも行われている。そういえば、知り合いの韓国人はこう言ったものだ。「母国と比べて、中学・高等学校のクラブ活動熱は信じられない」と。だが、重要な教育活動の一環としてのクラブ活動であり、修道では、このクラブのことを、昔から「班」と呼び、とりわけ盛んだ。まさに、クラブは重要な教育活動の一環なのだ。その証として、修道では班活動の教員指導を、ボランティアではなく、学校での業務の一環と捉えている。

広島県議会の林正夫議長は「私の修道の６年間は、本当に水泳に打ち込んだ」

と言い切る。林議長は4人兄弟。兄3人も水泳部で、その影響もあって、迷うことなく水泳部を選んだ。林議長は、その後、立教大学4年まで水泳を続けた。「修道の水泳班でキャプテンを務め、人間的にも体力的にも成長できた。男同士のぶつかり合い、仲間意識の大切さも知った。その後の人生に本当に役立った」と、半世紀以上も前のことを、つい最近の事のように話す。

広島修道大学の市川太一学長（高校18回生）も「柔道部でチームワークの大切さはもとより、問題解決の能力も養うことができた」と強調する。

ところで、班活動と勉強の両立は永遠のテーマだが、これを成し遂げ、現役合格を勝ち取った先輩たちの声を、学校のパンフレット「6年先の自分を見つけに。来たれ修道！」から紹介（抜粋）しよう。いずれも、２０１１年3月に卒業した先輩たちである。

「むしろ班活動を一生懸命にやった方が、限られた時間の中で、いかに勉強をするかを自分なりに工夫して勉強するようになるので、無駄にたくさんの時間があるよりも、効率よく集中できる」（サッカー班所属＝奥真一朗君・島根大

学医学部・医学科合格）

「中学1年から高校3年まで陸上班に所属していた。高校2年の冬から本格的に受験を意識し始め、夏までは班活動と勉強とを両立する形で過ごしていた。高校3年の夏に引退した後、班活動で培った体力や、その仲間のおかげで第一志望に合格できた」（陸上班＝日浦幹君・京都大学・農学部合格）

「高校3年になってから記述模試でD判定しか出したことがなく、絶望的な状態だった。でも、最後まであきらめずに頑張って合格できた。最後に逆転できたのは、野球班を最後までやり続けたから」（野球班＝松村脩平君・広島大学医学部・医学科合格）

「班活動の一番いいところは、人間関係の幅の広さだと思う。何も班に入らないと、どうしても同学年との関わりが多くなるけれど、班に入れば先輩、後輩、そして顧問の先生など上下関係も生まれる。人との出会いは大きな刺激になった」（ハンドボール班＝真志田修君・京都大学・工学部合格）

中高一貫校の修道学園だけに、中学1年から高校3年までが一緒に活動するのが特徴である。中学1年からすれば、高校2年・高校3年は雲の上のような遠い「存在」。最初は、近づきがたくても、互いに接するうちに、次第に打ち解け合う。少子化社会で兄弟の数が少ない昨今、上下関係、縦社会を知る上でも、班活動は有意義でもある。男同士の班活動を通じて、人間的に一歩も、二歩も成長する。

修道には、現在、18の運動班と19の文化班（一部同好会を含む）がある。運動班は、全国的にも鳴らした伝統のサッカー班、水泳班から、班に昇格した全国的にも珍しいスカッシュ班まで、どの班も活動は活発的だ。

一方の文化班も、大人数で定期演奏会では、立ち見の席まで出るスクールバンド班に、全国的レベルにある書道班、さらにはジャグリング同好会など、まさに百花繚乱である。

120㎞をひたすら歩く

特徴的な班を、運動班から紹介しよう。

まずは、ワンダーフォーゲル班。春夏秋は山登りやキャンプ、冬はスキーなど、1年間を通じてアウトドアを楽しむ。インターハイ登山競技では上位の常連で、

2006年（平成18）に2年連続で優勝するなど、通算4回の栄冠に輝いている。さらに、2012年も広島県大会で優勝し、インターハイ出場を決めている。

毎年、春休みに行われるのが伝統行事の「中国横断」だ。島根県浜田市から修道学園までの約120kmの道のりを徹夜で歩くのだ。しかも制限時間は24時間以内という過酷な条件である。国道186号線に沿って中国山地を乗り越え、広島県の加計に出るころには日没になる。191号線を歩き、可部（広島市安佐北区）に到着するのは例年、深夜の2時ごろだ。

120kmもひたすら歩くワンダーフォーゲル班の「中国横断」

2012年の「中国横断」の参加者は23人。このうち制限時間内に歩ききってゴールしたのは、11人だった。サポートするのは顧問の内藤弘泰教諭（数学担当）らの教員団。車で伴走する。それでも、先頭と最後尾が10㎞近く離れてしまうので、生徒たちをフォローするのも大変という。

あいにくの雨の中、キャプテンの村上大暉君は、ハイペースで歩き続けた。このため17時間18分という、ほかのメンバーよりも5時間近くも早い「大記録」を達成した。村上君と抜いたり、抜かれたりしながら競った同級生のライバルが70㎞地点で、突然体調を崩してリタイアしてしまった時には「言葉にできないけど、なぜか涙が出てきた」という。そしてゴールを切って改めて感じたのは「仲間との行動も大切だけど、やはり最後は自分との闘いだった」ということだった。

朝7時すぎには、参加した生徒たちが次々と、修道学園に到着した。

2回目のチャレンジで完歩したのは高校2年（5年）の芦根怜君。「ただただ、頭の中は怒りでいっぱいでした。『何でこんなことをやっているんだ』と。ここでリタイアしたら来年もまたチャレンジしなくてはならない。そんなことばかり考えながら、怒りの力でゴールした」という。

また高校3年（6年）の藤井翔悟君は、最上級生らしく日が暮れてからは、数人の後輩を引き連れながら、上手にペース配分した。辛そうな後輩を励ましたり、ペースを合わせたり……。「みんなでゴールできてよかった」。初挑戦だった高校1年（4年）の平岡敦君は「ゴール前は、噛んでいたガムの味がなくなっているのに、新しいものに交換する力もなくなっていた」と話した。

「己の限界にチャレンジすることで、体力的にも、精神的にも成長が図られる」と内藤教諭。「どうして、こんな過酷なことをするのか、と疑問に思うかもしれないけど、困難に立ち向かう姿勢の大切さ、それにもまして、達成したときの充実感は、何ものにも代えがたい」という。

さらに、こうも付け加える。「とかく若者は、自分の能力を過信し、根拠のない自信を持ったりする。ところが実際に歩き出してみると、思い通りにはいかないもの。さんざん自分の弱さやプライドと向き合って、リタイアを宣言するときの彼らの表情は、どんな名優にもできない複雑で素敵なもの。彼らはこの挫折を通しながら、謙虚さも身に付け、成長する」と。

伝統誇るサッカー班

伝統を誇るのが、サッカー班だ。部員も中学・高校を合わせると、１８０人以上にもなる。修道の中では最も人数が多い。A・B・Cと3つにチームを分け、それぞれが競い合う。「みんながレギュラーのAチームに入れるわけではないが、社会に出れば色々な局面で厳しい思い、体験をする。色々な立場で頑張ることが大切」と顧問の安本芳朗教諭（体育担当）。さらに「勝つことはもちろん大切だが、人間性を高め、素晴らしい人間に成長するために、サッカーに取り組んでいる。だから、あいさつが基本で、この点は徹底的に厳しく言っている」と強調する。

ほかの班にも言えることだが、練習時間は他校に比べて短い。専用グラウンドはもちろんなく、他の班と共有している。サッカー班の場合、練習日は火・水・金曜の3日。限られた時間で、工夫しながら練習を重ねるのが、修道の伝統である。修道の「校技」とも言われる、サッカー班の輝かしい伝統については、枚挙にいとまがない。詳しくは第8章で紹介するが、国民体育大会だけでも、4回も全国制覇している。

また、近年、活躍が目指しい陸上班。現在、慶応大学2年の山縣亮太選手が、国民体育大会やJOCジュニアオリンピックカップで優勝するなど、まさに全国レベルである。その山縣選手は、ロンドン五輪の陸上男子100mの日本代表に選ばれた。

松沢慶久顧問は「基本的に練習メニューは、生徒自身に任せている」としたうえで、「陸上の成績と学校の成績はリンクする。片方だけでなく、両方を頑張ってほしい」と強調する。どんなに全国レベルになろうとも、教育の一環としてのクラブ（班）活動という意識を忘れないようにしている。

俳優・歌手の吉川晃司も所属していた水泳班（水球）。体育祭の時に行われるデモンストレーションでは、引き締まった逆三角形の上半身が印象的だ。まさに、水上の格闘技と言えよう。競泳や水球は、これまで、インターハイや国民体育大会、全国水泳大会などで全国優勝を飾っている。

文化班も全国レベル

文化班では、スクールバンド班の活躍が目覚ましい。他校で言う吹奏学部。中国地方でトップクラスの成績で、全国大会にも度々、出場する。とりわけ、7月に行われる「サマーコンサート」は例年、4000人もの観客が集まり大盛況。まさに立錐の余地もないほどだ。2012年7月15、16日に広島市文化交流会館で行われるサマーコンサートが、ちょうど20回目になる。

顧問の大咲司朗教諭（音楽科担当）は、修道に赴任して23年目になる。「練

会場が常に満員になるスクールバンド班の定期演奏会。全国大会出場の常連でもある

習時間など制約も多いけれど、6年間で子どもたちは驚くほど成長する。やり遂げた充実感を知ってもらうためにも、できるだけ最後までクラブを続けるように指導している」と話す。

スクールバンド班にも劣らないのが、書道班である。2010年に全日本学生選抜書道展で団体1位を獲得するなど、全国トップレベルの活躍をしている。

第2章　自由、それは責任

初級（中学１・２年）は白シャツにネクタイ姿（左から４人）。上級（高校２・３年）になると自由服になる

制服と自由服

「一体、どうなっているのか」――。

周囲から「困ったものだ」と、思われないのだろうか。少なくとも「だらしない」と、誤解されないだろうか。

今回、修道を訪れるたびに、どうしてもある種の「違和感」が拭い切れないことがあった。それは、白シャツにネクタイ、そしてスーツ姿で登校するすぐ横を、自転車に乗ったセーター姿の生徒が、さっそうと駆け抜けるのだ。カラフルなオーバー姿もいる。夏になると、もっと軽装で登校する生徒も珍しくない、という。制服と自由服が、まさに、まだら模様のように、交じり合っているのだ。

修道学園と言えば、袖に白線を巻いたジャケットタイプの学生服だが、実は、学年によってかなりの違いがあることが分かった。

この制服制度には年齢に応じた指導はもちろん、TPOの大切さを学ばせる目的もある、という。

独特な規則・決まりとは――。

中学校・高等学校の6年間を初級（中1・2年）、中級（中3・高1年）、上級（高2・3年）の3段階に分け、それぞれの発達に応じて、着こなしに変化を与えているのだ。

具体的には、次のようになる。初級は決められた学生服に、白色シャツにネクタイ、黒革靴での登校が義務付けられる。しかし、中級では少し自由になる。ネクタイを着用するかしないか、靴の種類も自由になり、シャツもブルーやイエローなど、6種類の指定シャツから選べるのである。

さらに上級ともなれば、制服から解放される。制服を着るもよし、まったくの私服でもOKなのだ。だから、学年によって、制服と自由服で異なるのはもちろん、同じクラスでも、制服もいれば、カラフルな普段着の生徒もいるのだ。

参考までに、生徒手帳には、上級の制服について、こうある。

「上級においては、自らが着こなしを考える時期と位置づける。制服着用の義務はないが、修道生としてふさわしい、品位がありTPOをわきまえた服装でなければならない。また指定スーツに任意のシャツ・ネクタイ・靴等をコーディネートすることも自由だが、学校生活に不適切と判断した場合は指導を行う」

「高2の最初こそ、普段着で行っていたけど、すぐに面倒臭くなって、今は制服の方が多い」というのは、高校3年(6年)の生徒の母親。「これが女子高なら、洋服選びで大変だろうけど、子どもはそこまで気にしていないみたい。自転車通学なので、登校の時にはラフなスタイルで、授業を受ける時のための着替えも持って行っている」という。

この新しい制服・規準服が設けられたのは、2003年(平成15)4月からだ。それまでのいわゆる学ランと呼ばれる学生服から、腕に白線を残した新しいスーツスタイルを採用した。

修道の歴史と制服・自由服の歴史は、切っても切れない深いかかわりがある。その背景や経緯は、第9章で述べるが、学園紛争の歴史と大きく重なる。そんな中、保護者・生徒・教員の代表からなる「服装委員会」で、協議を重ね、この形にしたのだ。

それ以前と一番変わったことは、これまでは高校生はすべて自由服だったのが、高校1年(4年)を制服着用期間としたことだ。「あくまでも自由服の伝統を堅持しつつ、発展的に導入した」のだ。

もちろん、卒業式などフォーマルな場では、指定スーツ、白色指定シャツ、指定ネクタイを着用しなければならない。卒業式のほか、前期始業式、入学式、後期終業式も同様である。もし、正装を忘れて登校した場合、式典に出席できないケースもある。その意味では、とても厳しいとも言える。

「自由の精神」と校則

そもそも修道学園には、校則らしい校則は存在しない。

髪型はもとより、学校への所持品、下校時の立ち寄り場所など、「自分自身で考えて、責任を持って行動しなさい」というわけだ。広島県内のほかの公立・私立の中・高校と比べても、断然「緩い」のである。今はやりの「ゆるキャラ」顔負けの緩さなのだ。

少々、小難しくなるが、修道が掲げる理念を示すと――。

「自治向上の精神」＝「自由」という言葉でも表される。「自由」の根本は「自主性」と考えるのだ。だが、何でも、思うままにふるまうことが自主性ではない、という。その自主性を形作るために「今、自分は何をなすべきか、何が最

受け身ではなく、積極的に意見を述べ合う修道の授業。私服姿の生徒も見受けられる

も大切なことなのか」を、まずは「個」、つまり自分自身で考えなければならない、というわけだ。

自分自身で考えること、これが「自覚」というものだ。当然、ほかの人々との関わりを大切にしながら、「衆」との関係の中で自らを律すること、これが「自律」だ。この「自覚」と「自律」とをバランスよく身に付けたところに、自主性が芽吹き、よい結果が得られるようになると、自分に対する誇り、つまり「自尊心」が生まれるという図式である。

修道中学に入学した時、保護者全員に配布される、田原俊典校長名による「校則に関する指導方針について」がある。

少し長くなるが、抜粋してみる。

「本校では、2003年度より校則の見直しを行いました。見直しに際しては、生徒の生活環境の変化を熟考し、生徒代表の意見も取り入れ、生徒自身が主体的な気持ちで校則を遵守できるように配慮いたしました」（中略）

「本校の生活指導のコンセプトは、『学校の役割』と『家庭の役割』が、校則を媒介として相乗的に生活指導に生かされていくべきだという点にあります」（中略）

「学校が規制しているから仕方なく従うという消極的な考え方ではなく、各ご家庭で『しつけ教育』の立場から、ご子息としっかり話し合いをしていただき、各ご家庭の判断により、ご子息に社会的規範や倫理観が涵養されますよう、生徒指導にご協力願いたいと考えています」（後略）

つまり、やみくもに校則を設けることはしない。生徒本人、そして家庭内でしっかりと考えてほしい、というのが修道教育の大前提である。

具体的には、学校への携行品はもとより、カラオケや映画館などの遊戯施設への立ち入り、さらにアルバイトなどの可否などは原則的に、家庭で判断してほしいという至極、当然の姿勢なのだ。

ケータイの約束ごと

公立の中学・高等学校では、校内への持ち込み禁止が出されている携帯電話についてはどうか――。

基本的には、これについても同じような見解だ。家庭の判断を重視し、保護者が携帯電話の校内持込みを要請した場合、登録制で持ち込みを許可しているのだ。

そうは言いながら、携帯電話に関しては、細かな「約束ごと」がある。「自由」とは言いながら、「責任」あってこその「自由」、さらには「自由」を守れなかった場合、「責任」が伴うという面で、非常に分かりやすい例なので、ここに紹介する。

校内での携帯電話の使用は、始業前（8時30分以前）と放課後（16時5分以降）に限定している。授業の時間帯（8時30分～16時5分）は、電源を切ってロッカーにしまっておくことが義務付けられる。もし、授業時間帯での使用が見つかった場合、その場で教師が没収し、学校側の預かりとなるのだ。

「無許可での携帯電話持ち込みも厳禁です。見つかった場合は、3か月程度の期間、持ち込みを許可しません」と生徒部の山田薫部長は説明する。

携帯電話を買い換えた場合も、たとえ電話番号が変わっていなくても、改めて許可願を提出しなければならない。許可シールは一度はがすと、再度の貼り付けはできない。修理などで代替え機種を使用したい場合も、生徒部まで届け出る必要がある。

以上の「約束ごと」を目にすると、自由とは言いながら、かなり厳しいことが分かる。ただ、携帯電話の必要性は十分に認識しているため、決まりを守ったうえで、きちんと使ってほしい、という考えである。

「私(校長室)のロッカーの中には、没収した携帯が数多く入っています。でも、父母からの苦情は一切ありません。どうして、没収されたか、何が悪かったのかを、生徒自身に考えてほしい」

田原校長はこう語った後、さらに「自分自身で、『自由と責任』について学んでもらいたい」と付け加えた。

第3章　個性の原点は……

体育祭の名物「仮装行列」。AKB48も顔負けの踊りを披露した

1970年代後半、ジョン・ケネス・ガルブレイスの「不確実性の時代」がベストセラーになったが、現代ほど先が読めない時代はない。先が読めないからこそ、ある意味「個性」で勝負しなければならない。自由を謳歌する修道の生徒は、さまざまな機会を通じて「個性」を磨いている、と考えられるのかもしれない。

あっと驚く体育祭

体育祭は、修道の伝統行事の一つだ。「修道名物」といえるのが、高校3年（6年）がクラスごとに行う「仮装行列」。昔は、その言葉通り、行列していたらしいが、今はグラウンドで寸劇を披露している。

プロローグでも詳しく紹介したが、2011年冬、テレビドラマで40％という高視聴率をたたき出した「家政婦のミタ」の脚本家である遊川和彦さんは、自分で考えた脚本「必殺仕置き人―白鳥の湖」が、その仮装行列で大うけだった。その経験がなかったら、今の遊川さんはないだろうし、ミタさんも誕生していなかっただろう。その意味では、活躍の原点は、「修道の体育祭にあった」

と言っても過言ではない。
２０１１年の仮装行列のタイトルは、すこぶる時代を表している。

例年、多くの入場者がある「文化祭」。最近の一番人気は「女装大会」だ

１組「東方神起――アキバとマルモと時々コント」
２組「迷いの森」
３組「悪男（ヤンキー）ですね」
４組「ももたろう」
５組「ここがアイドルのど真ん中だ★」
６組「僕たちの〝オリンピア〟」
７組「マッコの部屋」
８組「劇団四毛　熟女が野蛮」

タイトル名を聞いただけでも、ばかばかしいながらも、個性的なモノばかり。タイトルこそ平凡だったが、その脚本力もあって、桃太郎の裏話を披露した4組が優勝を飾った。

49人50人脚走、タンブリング、ロックそうらん節、応援合戦……。1日中楽しめるのが、修道の体育祭の人気の秘密。近所の子どもから、制服姿の女子高生まで多くが詰めかける。

もう一つの名物が、高校3年による「借り物競争」ならぬ「借り人競争」。例えば「AKB48のコンサートの行ったことのある人」「東大出の人」「親子で修道の人」……。カードに書かれた「指令」を見て、その人物を見つけて、一緒にゴールまで走る必要がある。最終走者には、お決まりがある。そんな「指令」は無視して、田原校長を引きずり出して、肩を組みながらゴールするのだ。

また、高校1年（4年）の各クラスが作った立て看板は力作揃い。6組が作った「沢穂希」がトロフィーを掲げる看板が、最優秀賞に選ばれた。が、ここにも「秘密」があって、沢選手の顔は、何を隠そう田原校長のごっつい顔なのである。

毎年10月に行われる修道の文化祭。創立からの年月を表わした「○○○年祭」で呼ばれる。2012年の文化祭は「287年祭」になる。何やら、時代的な印象さえ受ける。

文化祭の催し物はさまざまだ。文化班のメンバーが、1年間の活動を発表したり、合唱で中学校のナンバー1のクラスを決めたり、高校修道杯と銘打ってサッカー・バスケットを競ったり、5年生による食品販売があったり、そして何がしかのハプニングが起こる女装コンテストがあったり……。てんこ盛りの文化祭なのだ。

これらのすべての催し物のなかから、「286年祭」では、「自作銃による射的（猛獣狩り）」の4年3組が、最優秀企画賞に選ばれた。また、ピロティー入り口に置かれた巨大な戦艦大和の模型が目を引いた。生徒がパーツに分けて制作し、そのあとで合体させた力作だった。

中学1年から高校2年まで参加し、宮島で行われるマラソン大会も、修道の冬の名物となっている。学年によって、走る距離が異なる。中学生は宮島中学校―包ケ浦の往復6・8㎞、高校生は宮島中学校―包ケ浦―入浜の往復12・8㎞だ。

何よりすごいのは、中学、高校ともこれまでの歴代記録が残っていることだ。

寒風の中、宮島で行われるマラソン大会。学年によって走る距離も異なる

２０１２年冬のマラソン大会が、ちょうど40回目。中学校優勝の昼田泰宏君の記録は、23分8秒で、歴代8位の好記録だった。修道の伝統は、こんなところにも表れている。

「外」から見た修道学園

ところで、このような修道学園、いや修道生について、ライバルとも言える他校の教師たちは、どのように見ているのだろうか。

「一般的に、『修道＝自由』、『広島学院＝窮屈』と思われているようだ。確かに年配の人には、広島学院には風呂敷を持って登校するイメージがある。バスや電車でも座ってはいけない、という先入観も残っているようだ。だが、実際には、そんなには違わないと思うけれど……」と語るのは、広島学院の生徒指導部長でもある倉光望教諭。

その上で「最近は、広島市内の公立高校の中には、私学以上に受験・勉強に力を入れているところもある。私学としては、それぞれの『個性』を今以上に出していく必要がある」と強調。さらに「その個性は違って当然だが、同じ広島にある私立中・高校として、互いに切磋琢磨していきたい」と修道学園にエールを送る。

広島女学院中・高校の中麻奈美教諭（国語科教諭）は、「今の修道には勢いを感じる」という。教師たちの動きが、色々な面で早いと感じる。それが、さまざまな改革のスピードにつながっている、という意見だった。

もう少し具体的に説明してもらうと——。

「『校風』という言葉がよく使われるが、教職員が醸し出す『修道魂』が生徒個々の『修道魂』を導き、それが修道全体の『校風』を形成しているように思われる。のびのびと個性豊かな生徒たちが、それぞれ認め合う雰囲気がある。修道はどんなタイプの生徒にとっても居心地がよい『学び舎』ではないか。それは、取りも直さず、教職員の個性の豊かさと遊び心のある指導の賜物だと言えるのではないでしょうか」

「最近は、進学実績も堅調で、修道は好循環のサイクルに入っている。個性の尊重と進学実績という両方がうまく機能し、成果を上げている」と言うのは広島城北中・高等学校の中川耕治教頭。

さらに、「一般的に、修道の校風を『自由』と表現されるが、他校と比べても、必ずしも『自由』でない部分もある。学校の気風を『より大きく』『より強く』表現しようとして、『自由』を強調しているのではないか。その結果として、『ほったらかし』『面倒見が悪い』とも言われているようだ」と付け加える。「実際は、個々の先生はとても面倒見が良い。それなのに、全体として伝わって来ないのは、このような理由からではないか」と指摘する。

学習塾からの視線

一方、修道中学校に「受験」という形で、生徒を送り出す立場が、学習塾である。その中の一つの田中学習会。広島県内を中心に50校を擁する。代表取締役の田中弘樹氏は、田原校長と同郷で、しかも出身中学・高校とも先輩・後輩の関係。おまけに、大学までも同じという。

修道の魅力について、本音を聞いたところ——。

「広島地区で、私学の中学受験をする男子のほぼ100％は、修道中学を受験する。第1希望か、第2希望のいずれかだ。こうした実績の積み重ねこそが、伝統の力と言える」と前置きした上で、次のように解説した。

「街全体に『修道に行きたい』という雰囲気がある。だから、修道のことを、悪く言う人は少ない。広島の街全体が『修道が好き』という感じだ。少し言い過ぎかもしれないけれど……」

さらに、田中学習会社員の修道出身者を観察していると、ある共通の特徴があるという。出身校に非常に誇りを持っている。後輩だと知ると、すぐに気をかけて面倒を見ようとする――。特に後者は顕著だという。

「広島学院が、学院生として生徒個人のプライドを持っているとしたら、修道の生徒は学園そのものに対して、プライドを持っている。愛着と言い直した方がいいかもしれない」

この田中代表の言葉は、とりわけ印象的だった。実際、その後の取材で、修道OBに、この「説」を話すと、ほぼ100％の卒業生が「そうかもしれない。特に月日が経つにつれて、その傾向は強くなりますね」と答えた。

そういえば、現在の修道学園（中・高）同窓会長でもある、広島信用金庫の高木一之会長から、こんな話を聞いた。

「東京の大学を出て、そのまま東京で就職した。家庭の事情もあって、そのまま東京に残るか、広島に帰るか思い悩む日々を過ごしていた。28歳のころだった。そんな時、広島に帰省したある晩、母校のグラウンドの縁石に座った。その場所は今も覚えている。気持ちの整理をしたかった。修道は私にとって、そんな存在だった。その背景には、互いの個性を認め合いながら、男同士の付き合いを重ねた修道6年間の思い出が背景にあったのだろう」


田中学習塾の田中代表の話に戻そう。

やんちゃなバンカラの気風は今も残っている。自由と規律のバランスがとてもいい。勉強だけでなく、クラブ活動にも力を入れ、言い尽くされた言葉だが、やはり「文武両道」。ふだんは意識しないかもしれないが、そういった歴史が修道の学風の下支えになっていることは間違いない、と指摘する。

さらに、外から見て、生徒の多様性に対して寛容だと感じる。勉強のできる子、スポーツに打ち込む子、どちらかというとオタク系の子……。それぞれを認め合いながら、学生生活を送っているという感じだ。

修道の入学試験では、知識ばかりを詰め込んで頭でっかちにするのではなく、機知と集中のようなものを試すため、他校には見られないＣＴ（Ｃｏｍｐｒｅｈｅｎｓｉｏｎ　Ｔｅｓｔ）と呼ばれる独自のテストを実施している。

暗号表を使って謎を解かせたり、ドラマ仕立ての放送を聞いた後に、キーワードをもとに地図に記号を書き込ませたり……。ユニークな内容である。このような試験を導入している根っこには、修道の独自性を出そうという狙いがあるのだろう。

「徳」を学んでいるか

修道としての「個性」を考える上で、「徳」の重要性について、多くの修道関係者が語った。その中で、ＰＴＡ会長も経験した、フタバ図書の世良與志雄社長（高校26回生）は、「時代の流れもあるが……」とした上で、次のように忠告する。

今の修道で、本当の人間づくりが行われているかと言えば、少々疑問が残る。

「もっと『徳』＝『高い志』を持った教育に力を入れてほしい。もちろん、私自身が修道時代に、徳をしっかり学んだかと言われれば、返答しにくいが、いつの時代も修道の原点に返ることが重要だ」と話す。

「紆余曲折があっても、建学の精神に常に立ち返ることが大切です」と、2代前の修道学園校長の畠眞實さんは言う。校長に就任した際の「修道学園通信」(第50号）にこのように記している。

「『あたま』を鍛えることはもちろん、『こころ』をもしっかり磨かねばなりません。入学式でも述べましたが、『知徳併進』の『徳』とは、その人の内面から滲み出る心の輝きであると思います。それは『他人の立場に立つことのできる優しさ』に根ざしたものです。『こころ』を磨くというのは、そういう優しさを身に付けることだと思います。私は学校を『共に学ぶ場』だと考えますが、いろいろな仲間とともに学びながら、それも身に付けてほしいと思います」

１９９５年（平成７）。今から17年前の「知徳併進」の人間形成をめざしてというタイトルの文である。現在の校長が進めている「かっこいい男になれ！」の教育もまさに同じだ。もっと言えば、「身を修めること」を学問の目的とする建学の精神と、同じである。それらを追求することが、ひいては「生きる力」を育むことになる。修道学園が目指している方向性は、今も昔も変わりはない。

第4章　目指せ、東大

高校１年の夏休みに行われる「東大見学ツアー」。
モチベーションのアップにも役立つ

横洲秀輝進路部長から、入試の結果報告を受けた田原校長は、愕然とした。何と小数点以下の数字（得点）で、ある浪人生が東大入試で不合格になったのだ。2012年3月のことである。一年間頑張って勉強し、模試でもそれなりの成績を上げていた。それだけに「必ず通ると思っていた」だけに、動揺を隠せなかった。だが、それ以上に、受験の厳しさを再認識させられた。

「入口論」と「出口論」

最近、頓に言われるのが「入口」「出口」論である。

「中高一貫教育」の現場で言えば、中学入学時と高校卒業時とを比べて、どれだけ学力がアップしたかが、重要なのである。つまり、低い成績で入っても、高い成績で卒業すれば、良い学校、その反対のケースは悪い学校ということになるのだ。

その場合、学力といっても、計る物差しは、どうしても偏差値による大学の序列が基準になる。このような傾向に対し、疑問視する声はもちろんある。だが、保護者のニーズが偏差値を指標にするのであれば、できるだけ、その要求には応えたい、というのが修道学園の基本方針である。「質実剛健」といっても、ある程度の学業の実績がないことには、保護者に対して説得力を持たないのも、一つの事実だからである。

東大シフトへの道のり

修道の「今」を示す象徴的なものが、２００６年度に宣言した「東大シフト」である。何も東大に入れば、すべてがうまく行くわけではないが、少なくとも東大は研究費などで、日本で一番の予算を使い、その気になれば、多くのことを学ぶことができるツールと考えるからだ。より高い水準の学力再建を目標に、教育改革を実践する――。その目的のために、象徴として「東大」を活用しているのだ。

少し前の大学入学実績を挙げてみる。なぜ、「東大シフト」にしたか、考える上で参考になるからだ。

２００５年（平成17）入試の数字である。この年の修道高校の東大合格者は8人。このうち現役は7人だった。一方の広島学院は34人。数字だけを比べてもかなりの差だ。1学年の人数が修道３００人に対して、広島学院１８０人だから、その差は歴然としている。

加えて、数字以上に顕著な違いについて、田原校長は「修道では東大をはじめとする、いわゆる『超難関大学』を目指す生徒が多くなかった。最初からあきらめる傾向があった。もっと頑張ればできるのに……。高い目標を持つ生徒にしたかった。スポーツでも目標を高く設定しないと、決して高い記録は出ないでしょう」と説明する。

かつては、修道高校から、東大へ多くの合格者を出していた。

東大への合格者で、20人を超えたのは、これまで1967年（昭和42）の23人、翌1968年（昭和43）の22人、東大入試そのものがなかった1969年（昭和44）を飛ばして、1970年（昭和45）の21人。それに、1988年（昭和63）の22人の4回。平成の時代に入ってからは、まだ、20人の壁を突破していないのが実状だ。

そこで、ライバルと意識する広島学院に、学力の面で追いつけ、追い越せの心意気で始めたのが、前述の「東大シフト」なのである。

田原校長が20代目として、就任したのが２００６年（平成18）４月だった。その年の東大合格者は、さらに減って５人。生徒のモチベーションを上げようと、２００６年度内に「東大シフト」を宣言。２００７年（平成19）から「高い水準の学力再建」を目標に、教育改革をスタートさせた。

さまざまな取り組みがある。その一つが、定期テストの成績優秀者の顕彰制度である。かつての学園紛争を契機に廃止していた「成績順」の張り出しも復活させた。もちろん内外には、「競争を助長させる」と反対の意見もあったが、「生徒のために」と押し通した。

「あいつは、いつも10番以内に入っている」
「あいつだけには負けたくない」
「次はもっと上を目指そう」
「いまに見ておれ、次はオレの番だ」

全体で70番まで、科目別で50番まで、廊下に張り出された成績を見ながら、生徒たちは、奮起材料にしている。日ごろの勉強が大切とスタートさせたが、予想を超える反響があるという。生徒の学習達成を、確実に後押ししている。

さらに、高校3年（6年）の到達度別クラス編成を実施した。高校3年は、理系5クラス、文系3クラスにして、このうち理系2クラスと文系1クラスを「超難関クラス」にしている。当初、上位のクラスに入れない生徒の士気が下がるなどの批判もあったが、高校2年（5年）の成績で決めるわけで、あくまでもその時点の成績だといえる。

だから、高校3年時の頑張りによって、進学先は大きく変わる。事実、「超難関クラス」以外からも、京大などの超難関大学に合格するケースも目立つようになってきた。修道全体の底上げができつつある。

東大見学ツアー

今では、他校でも取り入れているが、広島県内では「元祖」とも言える「東大見学ツアー」を2007年からスタートさせた。

受け入れ側の世話役を担っているのが、東京で会社を経営している野崎敬二氏である。長年、修道学園関東支部の幹事長を務めている。高校19回（1967年）の卒業生である。

前述したように1967年（昭和42）は、東大合格23人に加え、京大28人と修道の歴史の中でも、最高の実績を挙げている年でもある。

野崎氏は言う。「東大の合格者は、我々の世代よりも、もっと増えると思っていた。しかし、現実は、次第に減ってきた。一ケタの時も多かった。OBとしても寂しい限りだ。学力アップに、何か手助けできることはないだろうか、と思っていた時、田原校長から東大見学ツアーの話を聞いた。母校のためにできることは何でもしようと思った」と話す。

この東大見学ツアーには、例年、100人以上の希望者がある。この中から、50人ほどを、中学3年の成績と高校1年の第1回テストの成績によって連れて行くのだ。

とかく、高校入試のない中高一貫校では、中学3年の時期は気分がダレ気味になる。この時期の生徒の意識を高める意味でも、大いに役立っている、という。

5回目となる2011年（平成23）のツアーは、8月25、26日にあった。高校1年（4年）52人が参加した。初日は、修道OBの東大生から、薬学部でレクチャーを受け、研究室も見学した。今回は、普段は現役の東大生でもなかなか入れない、あの安田講堂の中にも入った。今の生徒のほとんどは、学生らによる安田講堂籠城のことは知らないのだが……。

高校1回の卒業生でもある東京ドームの代表取締役相談役の林有厚さんの尽力で、東大本郷キャンパスからほど近い、東京ドームホテルに宿泊する。ゴージャスなホテルで、リッチな夕食の後は、42階のＶＩＰルームで、東大ＯＢの講演を聞いた。

そのうちの一人は、霞が関の高級官僚だった。「自分が動かしている予算は6兆円にもなる。とても、やりがいがある。みなさんも後に続いてほしい」と話すのを、生徒たちは真剣に聞きながら、メモを取っていた。

２０１０年の東大見学ツアーに参加した多田尭央君（高校3年）は「両親に勧められたのと、自分でもいい刺激になると思って希望した。自分の将来の目標がより明確になったのは、大きな収穫だった」と振り返る。

この「東大見学ツアー」から戻ると、生徒の自主性が際立って生まれるという。「僕も頑張って、あの赤門に入るぞ」。そして、その姿を見たほかの生徒らも、大いに刺激を受けるという好循環が生まれるようだ。

東大と名付けたもう一つの取り組みが、「東大・京大セミナー合宿」である。東大見学ツアーとちょうど同じ時期に、1年先輩になる高校2年（5年）の取り組みだ。

２０１１年は8月22日から24日の間、神石高原町の施設を使って実施した。70人の5年生が参加。このうち東大コースが50人、京大コースが20人。8人の東大・京大に通う修道ＯＢの大学生も加わった。

各コースに分かれて授業形式で勉強。夜中の自習も含めて、まさに「勉強三昧」の3日間となった。ＯＢとの交流や懇親会では、実際の東大生・京大生の生活を身近に感じることができた、という。

進路部長の横洲秀輝教諭は「みんな頑張って志望校に合格し、2年後、今度は、講師の立場で帰ってきてほしい」と生徒たちにエールを送っていた。

実は、この東大シフトに関して、さ

３日間まさに「勉強三昧」となる「東大・京大セミナー合宿」

らなる取り組みが始まろうとしている。野崎氏が音頭を取っているのだが、「東大現役の会」を結成しようというのだ。現在でも、東大見学ツアーでは、現役東大生の協力を得ているが、もっと組織化して、入学後のアシスト体制を強めようという試みだ。入学後の健康面のチェックから、クラブ活動、履修に関してまで、在籍している先輩たちの助言を受けやすくするための、いわばツールづくりだ。まさに伝統校ゆえにできる、総合的な支援体制である。

「残留学習」とは……

これらが、非日常のモチベーションを高める取り組みだとしたら、最も大切なのは毎日の地道な学習の繰り返しである。

「思った以上の成果」と言われているのが、高校3年（6年）の放課後の「残留学習」制度である。他学年の下校時間は午後6時45分で徹底しているが、高校3年に限っては、特別扱いにして、午後8時まで、自習室として教室を開放している。

当初、田原校長が、生徒の監督に当たっていたが、今は高校3年の教員が中心になって、自主的に行っている。「塾の自習室で勉強している生徒も多いが、学校がその代わりをしようという試み。互いに刺激を受け合い、切磋琢磨している」という。

また、中学1年から高校3年まで全学年で、「土曜学習会」を開いている。例えば、高校2年の前期では、ハイレベル英数国に加えて、物理や化学の基礎演習の講座も設けている。

第一志望をあきらめない

ところで、今の時代は安全志向だ。一番大切なのは、高い志を持つことである。「君たちは十人受けて、十人合格する学校に行きたいのか。それとも一人だけが通る学校に行きたいのか」。この言葉は、修道の進路指導の基本方針を顕著に表すものだ。別の言い方をすれば「第一志望をあきらめない」ことこそが重要というわけだ。

だから、現役進学率にはこだわらない。例え受験期間が、1年長くなってもじっくり勉強してもらう。後期試験で、第2志望の国公立に合格しても、初志貫徹で再チャレンジする生徒も多い。実際、2012年の入試でも、275人の卒業生のうち約130人が、浪人の「選択」をした。修道でよく言われる「7

年計画」も、まんざら違うとは言えないようだ。

浪人生に対するフォローとしては、田原校長や進路指導の担当教諭が、持ち回りで必ず全国の予備校に出かけ、卒業生を集め、激励会を行っている。今では、かなりの高校が同じように行っているが、先駆的な試みでもあった。

「くじけそうになっていた時、母校の先生の来校に励まされた」

「仲間の情報も聞くことができて、有意義だった」

浪人生にも好評のようだ。また、卒業生の現在の状況を知ることもでき、教師にとっても、よい刺激になっているようだ。

骨身を削る厳しい競争に身をさらす受験生の「体験」は、これからの長い人生の大きな糧になるに違いない。

目標は東大20人

進路に関して、もちろん「数字」がすべてとは言えないが、一つの大きな指針であることには違いない。そうした意味で、「東大シフト」の掛け声のもとに行っている改革は、まだまだ、発展途上ではある。

当面の目標を次のように置いている。東大への合格20人、この東大を含めて、京都大、大阪大、北海道大、東北大、名古屋大、九州大のいわゆる旧7帝国大学に、一橋大、東京工業大、神戸大に、それ以外の国公立医学部・医学科を合わせて100人という数字だ。それも一過性に終わるのではなく、この数字を持続させたいとしている。

受験生にとって最初の試練となる大学入試センター試験。
「必勝、見よや修道魂」の横断幕も見られる

では、実績はどうか——。

改革の1年目となる、2007年（平成19）は、東大合格9人をはじめ、超難関10大学への合格者が67人、これに国公立医学部への合格者15人を加えて、合計83人だった。翌年の2008年は70人（うち東大4人）だったが、2009年（同17人）には目標だった100人を超え、105人

に達した。そして、2010年は88人（同16人）、2011年は再び105人（同9人）だった。

東大合格こそ20人には、まだ達していないが、超難関大学＋国公立大医学部・医学科＝100人の目標は、ほぼ達成できている。

超難関大学78人、国公立医学部・医学科27人――。2011年の実績について、進路部では次のように分析している。

「国公立医学部の合格者は、過去6年間でも最高だった。学校としては、特定の学部を推奨する指導を行っているわけではないが、過去10年、本当は過去50年でも合格者が二ケタを割ったことはない。非常にハードで責任の重い進路だが、修道生は本当に医学部が好きだ。修道生としての心意気を感じる。もちろん、トップクラスの成績のものでなければ、医学部には合格できないから、その生徒たちがみんな東大や京大を受験してくれれば……というのは学校としては禁句である」

「合点のいかなかった生徒は、今年も積極的に浪人した。現役の進学率はちょうど50％で、いわゆる進学校の中ではハイレベルな数字を示している。『高い目標』を掲げることは、この数値を引き下げる危険もあるが、それでも挑戦をやめるつもりはない。先輩たちは合否の境目ギリギリで勝負をしてきたのであり、これからもそういう競争に競り勝てる修道生であってほしい。『修道魂』をただの看板にしてはいけない」

超難関大学＋国公立医学部

それでは、２０１２年の広島県内の東大合格者数と、修道の超難関大学の実績は――。

東大の合格者は、広島学院28人、広島大付属福山10人、広島大付属、修道９人、ＡＩＣＪ６人、基町５人、そして１人がノートルダム清心、近大付福山、尾道北、尾道だった。修道は前年と同じ数字だったが、２年連続で２ケタには達しなかった。

また、修道の超難関大学への合格者は、東大９人のほか、京大６人、阪大13人、九大15人、神戸大９人、一橋大５人、北海道大３人、東北大２人、名古屋大、東京工大１人。国公立医学部・医学科28人を含め、超難関の医学部に入ったため、計算上重複する１人を除き91人だった。

2012年度の結果を受けて、以下のように分析している。

「若者にとって、厳しい社会情勢が続いている。大学を卒業しても就職がどうなるか分からず、『理高文低』などと言われると、自分の興味関心はさておいて文理選択を迫られる。本校では昔から、理系学部への進学者の方が多いので、あまり意識したことはないが、文系学部を目指す生徒にとっては、息苦しいご時世だろう」

「とはいえ、今年の現役生は例年になく文系が多かった。数学が理科が苦手だから文系というわけでもない。実際、文系の成績はよかった。自分の興味や適性を踏まえた文理選択をしたら、たまたまそうなったということだろう。世の中の流れには逆らっているかもしれないが、適切な進路選択がなされたものと考えている。その結果『ぶれない』『あきらめない』学年が誕生した」

「毎年、それぞれの特色を持った学年が大学受験に挑んでいく。『高い目標を掲げ、第一希望をあきらめない』という学校の呼びかけに、今年の生徒たちもよく応えてくれた」

「国公立大学の受験点数が本人に開示されるようになり、東大などは合格発表日（3・10）の2～3日後には、不合格のデータが自宅に届く。見せてもらうと、生徒と一緒に地団駄踏むことがままある。わずかの点差で不合格、ということもある。逆のケースもあるだろう。この修羅場を何とか突破してほしいと、修道は願っている。突破力を支えるものは、努力の継続しかない」

ここまで、トップ層の進学実績に言及してきたが、修道の卒業生は、ここ最近２８０人～２９０人。超難関大以外に進学する生徒も多い。２０１２年の私学実績では、早稲田38人、慶応19人、東京理科大24人、明治31人、中央大18人のほか、関西では立命館75人、同志社61人、関西学院25人、関西大11人に上っている。

学力あってのバンカラ

「学力あって初めてのバンカラである」と田原校長は強調する。一時廃止していた、成績順位の張り出しも復活させたのも、その理由からだ。社会に出ればおのずと競争に巻き込まれる。これから逃げるのではなく、その競争社会に向き合って「挑戦」する心を養う目的もある。

実は、「東大シフト」は「時限立法」のようなものだ、という。訳知りの教育評論家の「論」を待つまでもなく、東大がすべてでないのは百も承知である。だから、ある意味で、ショック療法なのだ。東大合格と声高に言う必要がなくなり、みんなが「高き」を目指すようになれば、東大シフトはもういらなくなるというわけだ。

同じ意味合いで、高校3年（6年）の到達度別クラス編成（文Ⅰ、文Ⅱ、理Ⅲ、理Ⅳ）も、作らないのに越したことはない。実は、広島県内の卒業生の大学別進路先で、東大が最も多い広島学院では到達度のクラス編成はない。

ここで、修道学園が初級（1・2年）・中級（3・4年）・上級（5・6年）ごとに目指す進路指導の内容を紹介すると——。

まず初級では、「基本的な学習習慣」と「生活の自己管理」の確立を目指し、きめ細かな指導を行う、としている。定期テストの結果によって、指名された生徒が2泊3日の基礎学力の徹底を目指す「セミナー合宿」もある。

そのセミナー合宿は、福山市の奥にあるお寺で、毎年行われている。強制的な合宿で、クラブの試合があろうと、何があろうと、すべてに優先される。基礎をしっかりつけさせたい、との思いからで、保護者からは好評だが、生徒にとっては指名されるかどうか戦々恐々である。

中級では「自分なりの将来をしっかりと考えてもらう」が合言葉。中級最大の課題は高校1年（4年）秋に行う「文理選択」だ。中学3年の段階から将来の職業選択を意識してもらうために、進路適性検査も行う。同時に予備校から講師を招き「進路講演会」を実施したり、大学の先生に校内で「模擬授業」を行ってもらう。

そして、上級では、高校3年（6年）になると、夏休みの補習は70を超える講座が用意される。同じ科目であっても、難易度の違う講座から生徒が自由に選択できるのである。コンピューター教室では、大手予備校の受験対策講座も受講することができる。

中学入試にも変化

「出口」ばかり述べてきたので、最後に「入口」の方も、少々言及しよう。ここ3年（2010年～2012年）の修道の志願者数は、少子化や不況の影響があるものの、1088人―1098人―1057人とほぼ横ばいである。

修道中学校では、毎年、合格発表時に、入試の成績によって3段階に分けて「補欠」の発表も行っている。例えば、2012年の場合――。「1位から36位」「43位から85位」「92位から116位」という具合だ。ところが、2011年は、入学辞退者が予想以上に少なく、「補欠」だった131人からの繰り上げは、わずか3人だけだった。広島学院に合格したにもかかわらず、修道を選択した生徒も、25人以上いたという。ある意味、うれしい悲鳴だった。

田中学習会の田中弘樹代表は言う。

「一番重要なのは、社会に出ても通用する、本当の意味での『学力』を身に付けることだ。だが、修道に子どもを預ける父母のほとんどは、息子に一定以上レベルの進学先を望んでいる。できれば、国立旧帝大あるいは早慶、最低でも国公立あるいは『関関同立』や『MARCH』(明治・青山学院・立教・中央・法政)に行ってくれることを望んでいる。その期待に応えることが大切だし、その意味である程度、実績を出しているので、修道中を目指す受験生が相変わらずたくさんいるのでは」

「男女共学」で抜本改革を

こうした取り組みではまだまだ不十分だという声もある。前述の野崎氏もその一人。「もっとダイナミックに改革を」と訴える。「やはり東大合格者が全国でベスト10に入ることを目指そう」というのだ。そのためには、合格者30人を目標にという。さらには、東大に限らず、海外の例えば、ハーバード大学やオックスフォード大学に、修道高校から合格を目指す、そんな志を持った生徒を育てることも、これから修道がさらに伸びて行くのには必要だと強調する。

少子化のため、今後は圧倒的に中・高校生の人数が減少する。さらには、現在の厳しい経済情勢からみて、私学を控えて公立の中・高校を目指す生徒が増え、私学の生徒そのものも減少する。今のところ、修道中学校に関しては、入学希望者は、目に見える形では減少はしていないが、５年、10年後まで安泰だという保証はない。

そうした中、冒頭でも紹介したが、呉市立昭和北中の中塩秀樹校長は、次のような抜本的な改革を提言する。

修道中学校が、これまでと同じ定員数の生徒を獲得しようとすると、以前は合格圏内に入らなかった「層」まで、合格させなければならなくなるというのだ。そうすれば、大学入試の際、進学実績を上げることは難しくなる。そこで、「男女共学」に転換することを勧めている。

修道学園ほどの伝統と学力があれば、共学にした時点で、女子の上位層の生徒を獲得できる。実際、女子生徒やその父母の中には、共学志向が高まっているという。そうすることで、男子分の定員は少なくなり、男子のレベルも相対的にあがる。もちろん、共学を好む男子生徒も積極的に、修道に入るようになるというのだ。

こうすると、必然的に大学の合格実績も上がる。広島の私学の場合、たまたま進学実績のある中学・高校は男子校、女子校が多いだけというのだ。

もちろん、修道に関しては、男子校という長い伝統があるため、すぐにはこのような改革は難しいかもしれないが、早晩、抜本的な改革が必要な時期が来るだろうし、改革するならトップバッターでないと、その効果は少ない、と指摘する。

その先例として、毎年20人を超える東大への入学者を出し、２０１２年も東大22人、京大７人の合格者を出した、愛媛県松山市にある愛光学園が挙げられる。２００２年の創立50周年を迎えるにあたって、大改革を行った。これまで男子校として名をはせていた愛光が、女子の募集を始めたのだ。

男女共同参画という時代の流れもあって、志の高い女子を受け入れる使命もあると判断したのだ。もちろん、将来の少子化、生徒の減少に備える必要もあった。女子の入学によって校風の著しい変化や学力の低下を懸念する声も一部にはあったが、今のところ杞憂に終わったようだ。

第5章　ラップで学ぼう

まるでラッパー。菅野教諭の古文授業はラップで助動詞を覚える

考えさせる授業とは

民主党を離党した小沢一郎元代表の強制起訴による裁判で、小沢元代表の弁護を務めた弘中惇一郎弁護士（高校16回卒業）。その弘中弁護士は「修道は、自分で考える授業が多かった」と述懐する。

「受験校ではあったが、すぐに答えを求めるのではなく、数学では問題の解き方の過程を重視、国語では辞書を引きながら意味を考えたりした。自分なりに考えて、先生に対して異論を唱えたり、議論を闘わせたり、納得のいかないことには食い下がる精神が醸成された」と語る。学力アップのためには、やはり授業力と教師力のアップは欠かせない。

「学力」を高めるためには、どのような授業を行うべきか。また、どんな教師が教えればよいのか。学校として、どのようにして体系的に教師力をアップさせているのか——。

「ナニコレ珍百景」で全国区に

一番バッターとして登場してもらうのは、古典ラップでも有名な国語の管野泰久教諭である。先日も民放テレビ番組「ナニコレ珍百景」で見事、大賞を飾った。スタジオで管野教諭のVTRを見たお笑い芸人「ネプチューン」の3人は、腹を抱えて笑った後、「こんな先生に授業を受けてみたかった。そうすれば古典はもっと好きになったのに……」とコメントした。

その授業とは、古典でも多くの生徒が最初に壁にぶつかる「助動詞」を、ラップのリズムに合わせて学習するというものだ。「る・らる・す・さす・しむ・ず・む・むず・まし・じ・まほし……」と続く、あの助動詞である。

授業時間の中盤、生徒がダレ始めた時、おもむろにCDカセットを取り出した管野教諭が、その音楽に合わせて、身振りを交えながら、ラップで助動詞を「熱唱」するのだ。時にサングラスをかけたり、気分はもう有名ラッパーだ。その熱唱に合わせて、生徒たちも復唱する。そうすると、いつのまにか覚えているのだ。

教師になりたての頃、助動詞の話になると、みんなコックリ、コックリ……。いくら重要だと言っても、なかなか聞いてもらえなかった。何かいい方法はないか、と考えたのが、このラップ助動詞だったのだ。知り合いの女性に歌ってもらったり、管野教諭自身が裏声で歌ったり、生徒たちに自習用に配っているCDのバリエーションも増えている。

「勉強には、しっかり考える部分と、とにかく暗記しなければならない部分がある。ラップはあくまでも、学習のための動機づけ」と管野教諭。だが卒業後、10年以上たっても、この音楽が流れると、思わずラップで助動詞が出てくる、という卒業生の声も度々聞いた。その学習効果は、かなりのものとみた。

その管野教諭が特に力を入れているのが、小論文や難関大学の2次国語（論述問題）の添削指導。「自分でものを考え、それを、きちんとまとめることの訓練に尽きる」という。例え、模範解答とは違っていても、自分の頭の中で「正解」だったら、それでOKなのだ。

管野教諭はもともと医学部志望だったという。「口幅ったいけれど、人の役に立ちたいと思っていた」。今は、一人の教師として生徒たちに、常に全力でぶつかっている。「一人でも多くの生徒が何かを身に付けてくれれば、『誰かの役に立つ』という『目標』は達成されたことになる」と考えている。

「これでどうだ――」、忘れ得ぬ思い出

数学科を担当する内藤弘泰教諭には、忘れられない、ほろ苦い思い出がある。教師になって間もないころだ。ある生徒から京大の数学の2次試験問題を質問された。頭を抱えながら、黒板に向かう。少々、苦労しながら、チョークを走らせていると、いきなり、一人の男性が教室の後ろから入ってきて、後ろの黒板に、その問題を解き始めた。書きなぐるような、ものすごいスピードだった。書き終わると、男性は、チョークを自分の方に投げた。「これでどうだ。こうやって解けばいい」――。そんな言葉を発せられた気がした。実際は、たぶん何も声を掛けずに、立ち去ったのだろう。

その男性は、同じ数学科の先輩教諭だった。「生徒もびっくりしていたようですが、それよりも、自分自身のふがいなさにショックを受け、こんなことでは……と思ったことを鮮明に覚えている」という。

それからは、とにかく勉強した。

「実は、昔、修道中学校を受験して落ちましてね」と内藤教諭。高校時代から教師になろうと思っていた。数学が苦手なので、文系に行こうと思っていたが、一番苦手な教科で教師になってやろうと、信州大学の理学部数学科を選んだ。

「もし数学が得意なら、『どうしてこんな簡単な問題が分からないの』となるかもしれないけれど、僕には、苦手の生徒の気持ちがよく分かる」

「数学を上達するには、とにかく1冊の参考書を完璧に仕上げること」と内藤教諭。授業では厳しい中にも、笑いが絶えない教室だという。

修道の数学科の先輩・同僚だけでなく、他校の数学科の先生たちとも、勉強会をつくって、切磋琢磨を続けている。

総合力で英語成績アップ

男子校だけに女子と比べて、どうしても地道な努力が苦手である。答えがきちんと出る数学が好きな生徒が、修道に多いのも事実だ。「東大20人という学校の目標を達成できるかどうかは、英語の成績にかかっている」。こう指摘するのは英語科主任の上田道浩教諭だ。

成績アップは、教師個々の力によるのは当然だが、修道全体として、いかに英語力をアップさせるかが課題になっている。このため、「数学の時間を割いてでも……」と、学校全体としても手厚いサポート体制を取っている。

中学1、2年生では、英語の授業だけ、2クラスを3つに分けて、少人数授業を行っている。中学3年から高校2年までは、教員の数を増やし、到達度別授業を取り入れている。

そうした中、２０１１年度からスタートさせた試みがある。高校1年を対象に、「毎日英語をしよう」を合言葉に、例文集を1ページずつ書くことにした。クラス担任が、そのチェック係を担当した。英語教科以外の教師も、全面的に協力した。

笑い話のような話だが、チェック係の担任も、生徒と一緒に英文を書いたため、この担任の英語の実力も大幅にアップしたというのだ。それほど、効果的ということであろうか——。事実、生徒などへのアンケート調査でも、「繰り返しの重要性が分かった」と述べてあった。

２０１２年度の修道の英語科は、上田教諭を含めて教師15人の体制である。

上田教諭は、修道中・高校時代は、英語班に所属していた。浪人して、早稲田大の第一文学部に入った後、公立高校を経て、母校の教師になった。

上田教諭には一つの確信がある。「家庭学習の時間と英語の実力は比例する。英語の学習度合をチェックすることで、生徒の家庭での生活状況を知ることができる。その意味で、英語は、一つの家庭学習のバロメーターになる」と。東大20人を目指し、英語科一同で、生徒の底上げに日々、研さんを続けている。

理・社は専門家集団

理科と社会科についても言及すると——。

修道の特徴は、中学校からそれぞれ専門分野の教師が授業を受け持っていることだ。多くの公立中学校では、例えば理科なら、物理も、化学も、生物も、地学分野も同じ教諭が担当するケースが多い。社会科についても同様である。

修道の理科は物理4人、化学4人、生物5人（土岸弘典・高校教頭を含む）、地学1人の体制だ。片山行弘教諭は化学を受け持つ。岡山県内の高校から、広島大学大学院で生物化学を学んだ。化学は中学1年、3年、そして高校1年で学習する。「実験にこだわりたい」と片山教諭。そのため、修道では実験の準備をするための常勤助手2人を採用、他校に比べてぜい沢な配置である。

このほか、地学の小田玄教諭は、「星と天文学の夕べ」の会で、パソコンを使って天体を説明後、屋上に設置している天文ドームで実際に観察を行うなど、地域に開かれた「教育」を行っている。物理の井山朝之教諭も年数回、地元の小学生を集めて、科学教室を行っている。土岸弘典教頭は、親子2代の生物の教諭。

父は現職のまま亡くなったが、修道ＯＢによると、名物・生物教師だったらしい。

社会科は地理３人、日本史３人、世界史３人、公民２人の11人体制である。地理の池内啓教諭は、公立高校で非常勤だった。大学時代は活断層の研究をした。修道に来て10年経つ。現在は、約20コマの授業を持つ。一学年約３００人のうち地理を選択するのは、約80人に上る。他校よりも、その割合は多い。「異文化を知ることは、自分を見つけ出すこと。うまくバックアップしながら、それを引き出したい」という。

池内教諭は、２０１１年度にある相談を受けた。「先生の授業を受けて、どうしても地理の勉強を深めたいと思った。でも、その方面に進むと、就職も期待できない。どうしたらいいだろうか……」と。結局、その生徒は初志貫徹、広大文学部に進んだ。「教師冥利に尽きますね」

今、問題になっているＴＰＰ（環太平洋経済連携協定）についてもしかり。世界で起きている事象は、決して自分たちの暮らしとかけ離れたものではない。「入試はもちろん大切だが、自分たちが大人になった時に、一体何ができるかを考える、一つの材料を学ぶ意味でも、地理に興味を持ってほしい」という。

将来見据えた指導法

いわゆる技術系の教科にも、修道は力を入れている。美術科の蔵下一成教諭は、修道に赴任して18年になる。中学1年で「色の世界」、中2で陶芸、中3でハンコづくりをする。

蔵下教諭の授業はユニークだ。

60分の授業時間をフルに使って、互いの作品について話し合う「批評会」を行う。「どの部分に一番こだわったのか」「どうしてこの色を使ったのか」……。クラス全員で批評する取り組みは珍しく、生徒のモチベーションを高めるのに役立っている。

蔵下教諭は言う。「美術の基本はモノを見て描くこと。そうすることで、現実とのギャップを埋める作業をしている。この現実を学ぶことは、人生そのものとも言える」と。

「何を持って美しいと感じるかを知ってほしい」。この思いを込めて、高校2年の美術科では、授業の最後に独自の「卒業式」を行っている。と言っても、特別なことをしているのではなく、物の見方、美の感じ方について、今一度、授業中にみんなで語り合うのだ。

また、教え子には、東京芸大の彫刻科に入った生徒もいる。その生徒とは、交換日記のように、添削をするために、１年以上もスケッチブックのやりとりを行った。

技術・家庭科を担当するのは、修道で教鞭をとって15年になる矢野真司教諭だ。最近は、クギ１本も打ったことがない生徒、ネジを１回も回した経験のない生徒もいる。その反面、ワード、エクセルはもとより、自分でＣＧを作れる生徒もいる。

「将来、修道の卒業生は、開発分野に携わる割合が大きいだろうが、実際にコツコツと物を作る現場の苦しさ、難しさ、大変さを知ってほしい。それを知ると知らないのでは、その後の開発に大きく影響する」と自説を展開する。

教師のレベルアップ図る

学力を高める上でも、生きる力を身につけさせる上でも、その根幹になるのは、いかに教師としての力をレベルアップさせるかだ。とりわけ、公立高校とは異なり、ほとんど転勤がない私学だけに、一人ひとりの教師にかかる力量は、より重要になる。

そのために、学校としてもさまざまな取り組みを始めている。教師の業務の公平化を目標とした改革である。

田原校長によると、よく働く教員には、どうしても仕事が集中していたという。担任を持って、部の仕事もこなし、クラブ活動（班活動）にも力を入れて、という具合だ。このため、組合とも協議し、公平化を図ることにした。

修道は、教務部（田嶋克宏部長）、進路部（横洲秀輝部長）、生徒部（山田薫部長）、育成部（市田弘昭部長）の4部体制を取っている。

教務部は主に、教科指導、教育課程を受け持つ。進路部は、その名の通り進路指導、生徒部は生活指導と生徒指導を受け持つ。

育成部は守備範囲が広い。人権・道徳教育指導から図書教育指導、保健指導・徳育指導まで多岐にわたる。市田部長は、修道の特徴として図書館の充実を挙げる。蔵書は10万冊を超え、「国史大系」の専門書も所蔵している。

これら4つの部の主任と担任の「兼務」は、原則的にすべてはずしたのだ。一時期、各部長からは反対の声も上がったが、担任はクラス業務に専任でき、さらに部としての業務も円滑化された。「教員集団としての総体的な力が確実に上がった」と田原校長は振り返る。

教師の3段階評価

教師力アップのために、もう一つ欠かせないのが、人事考課の導入だ。民間企業ではすでに、当たり前のように導入されているが、私学ではまだ少数派だ。教師を実績によって「A」「B」「C」の3段階に絶対評価するのだ。相対評価ではないので、「A」「B」「C」の人数が決まっているわけではない。考課を入れたことで、教師のやる気は格段にアップした。その一方、「なぜ自分は『B』判定なのか」「どうすれば『A』になるのか」と悩む教師も存在する。

2010年7月16日付けで、田原校長から「教員のみなさまへ」と出された「教育現場の意見調査」がある。

調査項目は以下の2点だ。「修道では『人事考課制度』を実施しているが、このような制度は必要と思うかどうか?」。もう一つは「私学の存続をかけた経営に関するアイデアやヒントがあれば……」という問いかけである。

後者については、その前文として「修道は私学です。いくら高邁な理念を掲げても、生徒募集なくしては、経営は成立せず、みなさんの社会人としての生活も成り立っていきません。何年か後には、現状など比較にならない『極寒の時代』が私学をおそってくると私は確信しています。私自身が把握している現在の世の情勢からすると、少子化などに関係なく『私学不要論』もささやかれて来る可能性も十分にあると思っています」と書かれている。

その田原校長は力説する。「いくら公立学校が頑張っても、私学の良さは絶対残るはず。むしろ、その良さを残すために、教師集団が一致協力することが大切。ただ、危機感だけは、教師みんなが共有する必要がある」

現在、修道の教員は81人。このような問題意識の中、教師集団をいかにレベルアップさせるかが、緊急かつ最重要の課題でもある。

授業を大切にしよう

教師の戦場は、教室での授業である。いかに、それを充実させるかを教師間の共通認識とした。田原校長など管理職が、教室を巡回し、授業を見た感想を、一年分書きとめた。ある女性教諭の声が小さくて、教室の後ろまで届かない場合は、拡声器も使用した。テストの作成には、最善の注意を払った。もし、ミスが見つかれば、なぜ間違えたのか、その改善策などを求めた。
教師に対する管理強化のようにも見えるが、すべては「授業の満足度」のための施策であり、教員が一致して、改革を推し進めている。

修道のコマ（授業）について、特徴的なことがある。まずは60分授業。そして、曜日の感覚がないのだ。通常は月曜日から金曜日まで、曜日ごとに「時間割」が決まっているが、修道の場合、月曜日だからと言って、常に同じ科目の授業ではない。AからFまで6つに分けて、それぞれに「時間割」がある。

とかく月曜日には、振替え休日が多く、1年間トータルで見ると、曜日によって授業時間が相当異なるため、曜日に関係なく、A・B・C・D・E・F・A・B……と繰り返すのだ。それだけ、一時間ずつの授業を大切にしている、証の一つとも言える。

定期テストは、これまで年5回だったのを、前・後期2回ずつの計4回にした。その代わりに、定期テストと次の定期テストの間に、月例テストを組み入れている。

「とにかく授業を大切にするという発想からすべてが生まれている」と、田嶋教務部長は強調する。

修道OB以外も積極採用

ところで、修道の教諭は、以前、圧倒的に修道出身者が多かった。昔は採用も各教科の担当者に任せていた時代もあった。「変化」を求めてあえて、修道出身者（OB）を採らない時期もあった。現在は、公募方式が主流で、修道出身者と他校出身者がうまく融合しているとも言える。

冒頭で紹介した管野教諭と数学の内藤教諭は、同じ時期に修道で教壇に立ち始めた。いわゆる「同期」である。ともに、修道OBではない。当時の「修道学園通信」をみると、二人の若々しい写真が掲載されている。

そして、2人の教員としての満ち溢れる「決意」がしたためられている。

管野「人は皆、優しい心を持っている。集団や社会という枠の中で、しばしば人はそれをどこかに置き忘れてしまう可能性がある。新任にあたり、常に一人ひとりの気持ちを忘れないようにと、決意した」

内藤「学ぶことの原動力は、何事にも好奇心を持つこと。生徒のみなさんの好奇心に少しでも応えることができるように頑張りたい」

この2人は、春休みを利用して、ボランティアの一員として、東日本大震災の現場に足を運んだ。「人のために」「生徒のために」という気持ちを込めて「修道学園通信」に書いた「思い」は、15年以上経った今でも、ずっと変わらぬままである。

第6章　母親たちの修道

豪華客船「ふじ丸」をチャーターした屋久島方面への
修学旅行。生徒たちは船上からテープを放り投げる

2012年6月12日――。

「ふじ丸」に乗って3泊4日の日程で行われる、屋久島などへの修学旅行。息子たちの出航を見送るため、多くの母親が宇品港埠頭に詰めかけた。例年、出港前には、家族や保護者も、送迎専用の乗船証をもらった上で、この「ふじ丸」を見学できる。十二分に見学をした後は、息子たちが船上から投げる色とりどりのテープをつかみながら、ひと時の別れを惜しむ。

「子離れしていない」「過保護すぎる」……。

そんな意見もあるだろうが、「ふじ丸」に来た母親に限らず、修道生の母親たちは、息子たち以上に修道学園が好きなようだ。その証拠に、他校では信じられないくらい、参観日には多くの父母が参加する。PTA役員への道も険しい。学年によっては競争率も高いそうだ。

母親たちの「修道愛」

修道の「今」を探ろうと、修道に通う子息を持つ10人の母親たちに、2回にわたって集まってもらった。そして、忌憚のない意見を述べてもらった。

高校3年の息子を持つ檜垣知子さん、相本祐子さん、高校2年の下村美和さん、寺田史歩さん、高校1年の大村陽子さん、小谷佐和子さん、中学3年の小柳智佐さん、田中美貴さん、そして中学2年の川本忍さん、末永江里さん。いずれも、率先してＰＴＡ役員に名乗りを上げたという。

その母親たちは、まるで、自分の母校のように修道を語り始めた。もちろん母校のはずは１００％ないのだが、わが子から修道のことを聞き、より修道を身近に感じているのだろうか。

その席上での発言を紹介すると――。

入学に関しては、

「長男が修道に行っていたので、受験前に、次男を体育祭などに連れて行くと、仮装行列などを見て、『絶対修道を受けたい』と言った。それまでは受験勉強するのをイヤがっていたのだが……」

「スポーツと勉強の両方を打ち込みたかったから、修道を選んだ。陸上にも興味があったが、今はワンダーフォーゲル部で頑張っている」

「修道は第2志望だったので、入学前は撃沈した表情だった。しかし、入学式の時に『感動した』と子どもが目を輝かせて帰ってきた。学校のパワーに驚かされた」

先生に関しては、

「先生同士の仲がとてもいいのが、何よりステキ。音楽バンドも組んでいる先生もいる。楽しそうな先生の雰囲気が、生徒にも伝わり、生徒も学園生活を楽しんでいる」

「子どもたちをわが子のように『かわいい』と可愛がってくれる一方、子どもたちのことを一人前の男として接してくれる」

「先生は、生徒だけでなく、私たち親の指導もしてくれる。例えば『子どもたちにとって、少し高い壁になってください』『あまり口出しをせずに、少し引いた形で見守ることが大切』などと言われる」

「先生たちが、子どもたちに自分の人生を話してくれる。サクセスストーリーや失敗談など……」

そして、修道の教育全般に対しては、

「ここで6年間過ごしたら、自然と色々なことを吸収して、大きな財産になると思った。どこの大学に行っても、食いっぱぐれのない人間になりそう」

「学校にすべて、おまかせにしても大丈夫。子どもたちも、男同士の世界で、色々ともまれて大きくなってほしい」

「修道は自由すぎるので、気を許すと間違った方向にも進みかねない。結局は、すべての面で本人が自覚しないとダメ。本人の自立を大切にする重要性が、親としてよく分かるようになった」


とりわけ、印象的だったのは、母親たちから聞いた次の話だ。

「数年前に車いすの生徒が入学してきた。学校はバリアフリーになっていたから、体の不自由な生徒を受け入れたと思うが、一番驚いたのは、生徒たちが協力して、その生徒を支えている姿だった。運動会では、その学年の徒競走は、全員が車いすに乗って競技を行った。こんな学校に子どもたちを入れてよかった」


10人の保護者に共通した意識があった。「かしこい先行投資」という概念だ。

修道学園に入学すると、ざっと1年間約50万円の学費がかかる。そのほか、入学金など諸々、6年間では300万円以上になる。それでも、決して高いと思ったことはない。それ以上の効果が期待できるというのだ。

6年間の子どもたちの満足度はもとより、将来において、色々な場面で還元されると思っている。修道生の卒業後のつながりは、それほど強い。そのための出会いに、お金を先行投資したというのだ。

保健室から見た31年

母親たち自身が「母校」と感じる修道学園。だが、学園内は、まさに男の世界で、先生も含めて、極端に女性が少ない。

保健室で生徒たちの世話をする養護担当の森川春美教諭は、修道に勤務して31年目になる。「最初、修道に来たときは、女性の教諭は私だけでした。まさに男社会。だから、生徒の中には、女性である私だけに相談に来る子も多かった」と当時を振り返る。

昔と今の修道生は、どこが一番違うのか――。「一言で表すなら、まじめになった。言われたことを素直に聞くようになった。バンカラのイメージが、修道にはあると思うかもしれないが、現実は、なかなか『母離れ』ができていない子どもという側面もある。昔は、どんなに熱があっても、家には連絡してくれるな、と言ったものです……」

異性関係の相談は、今も昔もよく受ける、という。「自分から彼女にメールを送ってもなかなか戻ってこない」「彼女の気持ちがよく分からない」など、母親には相談できないが、女性としての意見を聞きたいという内容ばかりだ。

もちろん、修道生として、変わった面も、変わらない面も両方ある。ただ、「修道という、ある程度恵まれた閉鎖社会の中で、自由にやらせてもらっている。言葉を変えれば、安住の中、居心地のいい中で、色々な経験をしている」――。

そんなありがたさは、卒業して初めて生徒たちにも分かること。卒業しても、保健室に遊びに来てくれたり、結婚式に招待してくれたりする生徒の存在が、森川教諭の励みでもある。

親子４代が「修道生」

高校26回卒業の岩井肇（岩井商会代表取締役）は、２００７年度（平成19年度）のＰＴＡ会長でもあった。実は、岩井さんの祖父も、父も、息子もみんな修道学園OBなのだ。3代が修道OBというケースはたまに聞くが、4代連続ともなると、さすがに稀有な存在である。

祖父は旧制中学校8回の卒業。1954年（昭和29）から17年間にもわたって同窓会長を務めていた。父は旧制中学31回、1940年（昭和15）の卒業だった。

岩井さんは高校からの編入だった。当時は高校から100人程度、修道に入っていた。中学から入った生徒と学習の進み具合が違っており、追いつくのが大変だったという。「よく言われることだが、本当に色々な生徒がいましたね」と岩井さん。今でもさまざまな分野で活動する同窓との縁が宝だという。

岩井さんがPTAの活動にかかわり始めて、力を入れたのが文化祭でのコーラスだった。それまでは、生徒が歌った後は、教員の有志が歌っていた。「保護者もやってみよう」という発案で、練習を始めることにした。

PTA活動は、年5回の常任委員会に加え、学年ごとの学年委員会が中心。修道の保護者として、一緒に活動の機会を得たのだから、親としての気持ちを10分間、2曲の歌に込めようとした。一体、何が伝えられるか、と思案し、PTA自らが作詞作曲した曲「君がいるから」を歌い続けている。

２００９年に息子が卒業したが、今もＰＴＡコーラスに、ＯＢの一員として参加している。岩井さんと同じように、修道を卒業させた母親たちも、参加している。ある意味、修道の「ＯＧ」である。校歌を斉唱し、子どもたち以上に修道を愛す母親たちの姿に、修道のパワーを感じている。

岩井さんには「夢」がある。孫も修道に行かせたい、と思っている。現在、息子は東京にいるし、孫に男の子が生まれる保証はない。それでも、白線の入った修道の制服を着た、孫の入学式にぜひ参加したいと思っている。驚くべき修道愛である。

第7章

「バッジは、何色？」

毎年9月に開かれる修道学園の同窓大会。2011年は100周年の記念大会だった

月1回の「自修会」

通称「丸ビル」。ＪＲ東京駅丸の内南口から1分も歩くと、36階建てのビルがそびえる。その18階にある日本ＩＢＭ丸の内オフィスに、大歳卓麻氏を訪ねた。修道高校19回生。51歳で日本ＩＢＭの社長に就いた後、会長も歴任、２０１２年5月からは最高顧問を務めている。

高校19回生の結びつきはとりわけ強い。32、3歳のころから東京で「自修会」という勉強会を作り、月１回集まっている。互いに忙しい立場だが、まさに奇跡的に続いている。同級生の中には、会社を定年になったものも多く、今は一緒に山歩きをしたり、２０１２年12月には、何人かでホノルルマラソンにも挑戦する予定だ。

「とにかく自由な雰囲気だった。その後、就職先にＩＢＭを選択したのも、どことなく似通った雰囲気があったかもしれない」と振り返る。修道では今にして思えば、リーダーシップ論を教わったという。

「丸ビル」から直線距離にして３㎞足らず。東京ドームでは、ちょうどマー君こと楽天の田中将大投手の復帰戦の日だった。ドーム前には長蛇の列ができていた。

東京ドームのすぐ前には、43階建ての東京ドームホテル。その西側には「青いビル」で有名な後楽園ホールが入る建物がある。その4階で、林有厚代表取締役相談役に修道時代（高校1回生）の思い出を聞くと、予定時間をオーバーするほど、熱心に身を乗り出さんばかりに語ってくれた。

「とにかく学校に通えることがうれしかった。勉強することに飢えていたのかもしれない」と林相談役。原爆投下のこと、終戦後、片道3時間もかけて修道まで通ったこと、旧制中学校の生徒から、高校1回生になったころのこと……。修道高校を卒業して、60年以上も経つのに、まるでつい最近のことのように、克明に覚えているという。それほど強烈で、思い出深い体験だったのだろう。

林相談役は、修道学園同窓会関東支部の会長も務める。日本画家で東京芸術大学元学長の故平山郁夫氏とも同窓生である。

人材輩出の宝庫

東京のけん騒とは打って変わって、広島市西区の閑静な住宅街にある上田宗箇流の「和風堂」に、高校16回生の上田宗冏氏を訪ねると——。

いつも机の上に飾っているという体育祭の時の写真を見せてもらった。仲間とトランペットを吹きながら演奏した時のものだ。修道の歴史の中で、生演奏付きで行進したのは初めて。時折眺めては、修道時代を思い出すという。

同窓生とのつながりは強く、地元広島だけでなく、東京で茶道教室を開くときには、ちょくちょく同級生や先輩・後輩が訪れるという。

上田さんの卒業後には、立派な茶室が修道学園に作られた。ある年のセンター試験。朝早く二人の生徒が学校を訪れ、茶室でお茶をたて、心を落ち着けて試験に臨んだという。その2人は首尾よく東大に合格したらしい。この逸話を聞いた上田さんは、自分のことのように、うれしくてたまらなかった。

小沢一郎議員の弁護士・弘中惇一郎、テレビドラマのヒットメーカー遊川和彦、歌手で俳優の吉川晃司、政界の暴れん坊・亀井静香代議士、東大初の棋士となった片上大輔、ロンドン五輪陸上100m代表・山縣亮太、それに三菱重工業の佃和夫会長、ＮＴＴ（日本電信電話株式会社）の三浦惺会長……。修道の卒業生は、まさにキラ星のごとくだ。

２０１０年に作られた、真っ赤な表紙の「修道学園中高同窓会会員名簿」（第35号）を眺めると、その歴史の長さ、人脈力の深さに改めて驚かされる。ページ数は、軽く６００頁を超える。氏名の横には、出身大学などが列挙されている。ほとんどの大学がいわゆる難関校である。政界・財界はもとより司法・医学などさまざまな分野で、有能な人材を輩出している。

同窓会発足１００周年

２０１１年9月3日。同窓会発足１００周年記念した「同窓大会」が、広島市中区のリーガロイヤルホテル広島で開かれた。参加者は過去最高の７２８人にも上った。壇上に登ったＯＢのお歴々の顔は、みな笑顔いっぱいだった。まさに、１００年の重みを体感しているようでもあった。

同窓会準備の担当となるのは、卒業して9年目のＯＢが常である。年齢で言えば、27歳に当たる。今回は、高校55回の卒業生だった。このため、卒業回数で、高校45回生、35回生、25回生、15回生、5回生で「5」の会を作り、また社会人としては経験不足の高校55回生を、運営面などから側面支援をした。

広越株式会社のマーケティング推進室に勤務する越智基匡さんは、高校55回生だ。修道の先輩から頼まれ、2011年度の同窓大会の代表世話人になった。新しさを取り入れようと、これまでの「立席」スタイルから「着席」に変えた。しかも席をバッジの色ごとに分けたため、「ゆっくり話せて盛り上がった」「学年を超えて話すことができた」という言葉をもらった、という。

準備に忙しかった、この1年間を振り返りながら、一番感じたことは、同期が「友達」から「仲間」になったこと、という。さらに、修道の「絆」で結ばれた先輩方と深いパイプを、改めて認識した。

その100周年記念事業を副会長として仕切ったのが、大栄電業会長で、高校14回生でもある貫名賢さんである。長年、修道学園の同窓会にかかわってきた。「当時は、段原に学校の寮があって、懐かしい思い出がいっぱい。サッカー部の応援にもよく行ったもの。楽しかった修道時代が、その後の支えにもなっているし、だからこそ、修道のために何かお役に立ちたいと思っている」と貫名さん。「2人の息子も修道でお世話になり、PTA役員としても修道に関わりを持つことができ、たくさんの縁をいただいた」と付け加えた。

各地に広がる修道ＯＢ会

修道中学校同窓会の発足式は、１９１１年（明治44）８月10日に行われた。修道のＯＢ会には、さまざまな支部がある。ざっと列挙してみると――。地域では、修道学園同窓会関東支部を筆頭に、近畿支部、東部修道会、江能修友会、広島北部支部（修北会）、九修会がある。さらに、職域としても修道医会、広島修道歯科医会、そして広島市修道会がある。

なかでも圧倒的なボリュームを誇るのが、修道出身の医師でつくる「修道医会」である。その修道医会の歴史は古い。１９５５年（昭和30）、呉市医師会館で修道学園を卒業した医師と、当時呉にあった広島大学医学部の学生らが集まり懇親の会が持たれたことが、その始まりだ。その時点では、この会は、呉地区修道杏林会と呼ばれていたが、医学部が広島に移転したのに伴い、広島で第１回の修道医会が開催された。

現在18代目となる会長は、広島大学名誉教授（病理学）でＮＰＯ法人総合遠隔医療支援機構の井内康輝理事長（高校19回生）だ。これまでに、広島大学医学部長などを歴任してきた。

井内理事長によると、広島県内の医師は約6000人。このうち修道学園出身は1000人を超える。井内会長が広島大医学部に進んだ当時は、定員100人のうち20人が修道出身だったという。

医師に占める割合の多さは言うに及ばず、とりわけ、修道生には迫力、馬力型が目立つという。学生時代、クラブ活動に熱心だったり、また、キャプテンタイプが多いこととも関係があるのだろうか。医局に入ると24時間体制の仕事が要求される。とりわけ外科などはチーム医療も重要視される。その際に、修道で培ってきた「質実剛健」の精神こそ、求められるという。

修道医会の延長上として、学生部会を2008年（平成20）につくった。2011年（平成23）12月の第4回の懇親会では、井内会長のあいさつに続いて、新しく事務局長になった大段秀樹・広大教授が乾杯の音頭を取った。現役の医学生は4つのテーブルに分かれ、和気あいあいに語り合った。「彼らに新しい修道出身者としての伝統をつくってほしい」と井内会長。

井内会長は、修道の後輩たちに、少しでも医学を知ってもらい、医学の道に進んでもらうために、インターンシップを受け入れたり、また、学校に出向いて模擬授業をしたりした。

「バッジは、何色？」

２０１2年3月の卒業式。その時、学校法人中川学園の理事長で、ＰＴＡ会長の中川義基さんは、こう訴えた。

「みなさんにとって本当におめでたいのは、修道で学んだことによって得た次の三つの出会いです。まず、第一の出会いは友人、第二の出会いは言うまでもなく先生です」と。そして「最後に、第三の出会いは、これはまだ出会っていないのですが、多くの先輩方です。そしてまた、皆さんの後に続く後輩たちです」

「私自身の経験でも、何か仕事で相手の会社とうまくいかないとき、ひょんなことから、相手の担当者が修道出身だと分かると状況は一変します。皆さん、そういうときの我々の合言葉がありますよね。『お前、何色バッジ？』です。それが、たまたま同じ色であったりしたときは、もうその晩は流川で肩を組んで『安芸の小富士』を一緒に歌っています。修道の仲間とは、そんなものです」

ゼネラル興産の山下泉代表取締役も修道ＯＢだった。実は、ほかの取材で訪れたのだが、偶然、修道出身と知った。修道のハンドボール班のOB会長でもある。

修道の思い出を聞いていると、13年前に月刊「文藝春秋」に掲載された、修道高校7回生の「同級生交歓」の写真を見せてくれた。

まさに、そうそうたるメンバーが並んでいた。山下代表をはじめ、亀井静香氏、福屋の大下龍介会長、元もみじ銀行の森本弘道頭取、それに修道中・高校の畠眞實元校長など10人である。

その亀井静香氏の逸話は、修道では有名だ。1953年(昭和28)、亀井氏が高校1年の時、定期券を買うために必要だった通学定期書の発行有料化に猛反発。亀井氏は学校に対して、抗議のビラを配付した挙げ句に、放校処分になってしまったのだ。停学や謹慎ではなく、厳罰に処されたのである。そのため、特異なOBになってしまった。

「世の進運に魁けん　見よや修道魂を」は、同窓会誌「修道」の1ページ目の上段に必ず掲載される言葉である。まさに、この言葉のように生きた諸先輩も多い。

少し辛口な意見を述べたOBもいた。もしかしたら、広島で事業を起こして、最後の一線で突き抜けようとした場合、修道出身が、逆にしがらみになるかもしれない、というのだ。ともあれ、修道の団結力・人脈力は他校と比べても、突き抜けた部分があるのも事実である。

第8章　287年の伝統

修道の正門わきにある、修道開祖の恩人山田十竹先生の胸像

蔵の移築・復元作業

広電御幸橋電停から歩いて約5分。修道OBにとっては何度も通い慣れた道であろう。修道の正門をくぐると、今、ある建物の建設が、現在進行形で行われている。蔵の移築・復元作業である。2010年（平成22）、広島市東区愛宕で旧広島城郭内から移築されたと思われる土蔵の存在が明らかになった。

きっかけは、古い建築物を研究している建築家の加藤早苗さんの電話だったという。所有者は「この土蔵を保存してもらえるのなら、無償で譲ってもいい。このまま放置しておくことはできない」ということだった。

検査の結果、伝承どおり移築されたもので、しかも修道の淵源である学問所にあった可能性も高いという。さらに、原爆によって旧広島城郭内の建物は、ほかに一例しか現存しておらず、歴史的価値も高い。このため、修道学園はこの土蔵を譲り受け、修道中・高校の敷地内に移築・復元するため、現在工事中である。

最近のトピックスも紹介しよう。

日露戦争の旅順攻略の司令官として知られる乃木希典（1849〜1912年）が自決する2年前に、かつての部下で修道中総理（理事長）だった佐藤正（1849〜1920年）に宛てた直筆の手紙が発見された。

この手紙は毛筆で書かれたもので長さ146・5㎝、幅18・5㎝。1910年（明治43）7月6日の消印がある。宛名は「修道中学校々主　佐藤少将殿」で、当時、学習院院長を務めていた乃木が、第3代広島市長で同中総理の佐藤に送ったものだ。広島の産品を贈ってもらったお礼に続いて、西南戦争で軍旗を失い、日清、日露戦争で多くの兵士を戦死させたことについて、明治天皇や遺族に「申譯（もうしわけ）ナク」と記されている。

また日露戦争で息子2人を亡くした乃木に養子を迎えるよう勧めた佐藤に対し、「小生共一代」として乃木家の断絶もやむを得ないとの覚悟を伝えている。

佐藤は今の中区出身。修道学園の前身である浅野藩学問所で学んだ。軍人として乃木に仕え、1905年（明治38）「私立修道中学校」の設立などに尽力。この手紙で乃木との交流の深さがうかがえる。

この手紙は札幌市の古書店が、この1月に競売にかけ、修道学園同窓会連合会が取得したのだが、実は、競売の前から、修道ＯＢから購入したいとの申し出が多数あったという。２０１２年２月に、同窓会連合会から修道学園に寄贈された。11月４日の創立記念日には、一般公開される予定になっている。

「講学所」から「修道館」へ

あまりにも長い修道の歴史。この章では、「修道学園」の歴史を振り返ることにする。

「修道学園」の前身とされるのが「講学所」である。その開校は１７２５年（享保10）というから、何とも気の遠くなるような、とてつもなく長い「歴史」である。第５代広島藩主であった浅野吉長が創始し、ここに藩校の歴史がスタートした。

１７３４年（享保19）に「講学館」と改称されたものの、広島藩の財政的な理由で、１７４３年（寛保３）に閉鎖された。それから39年後の１７８２年（天明２）、７代藩主の浅野重晟が、広島城内三の丸に学問所を創設した。その位置は、現在のＲＣＣ（中国放送）近くにあるＮＴＴビル近辺とされている。

学問所の聖廟、つまり孔子を祀るところに、重晟直筆の「至聖先師《しせいせんし》孔子神位《こうししんい》」

の木主《もくしゅ》を掲げ、学問に励む者の精神的支柱として大切にされてきた。この木主は現在、修道に伝えられており、藩校の流れを汲んでいる重要な証でもある。

この学問所は1870年（明治3）、城内の八丁馬場に移され「修道館」と名付けられた。現在の広島市立中央図書館あたりだ。命名の由来は、中国の古典「中庸」の「性に率ふ、之を道と謂ひ、道を修める、之を教えと謂ふ」。ここで、やっと「修道」の言葉が出てくるのである。

この修道館が1871年（明治4）、廃藩置県によって休止となり、藩校の歴史はここで終わる。広島藩最後の藩主・浅野長勲が1878年（明治11）に「浅野学校」を設立。藩校・修道館の精神を引き継ぐべき学校としたのだ。1881年（明治14）、校名を修道学校と改め、旧藩校の教授で、当時海軍兵学校の教官だった山田十竹を校長に抜擢した。

山田十竹の教え

修道の歴史を長年にわたって研究しているのは、2代前の校長である畠眞實さんだ。有志が集まり「修道学園史研究会」を立ち上げ、その歴史を地道に掘り起こしてきた。その成果の一つが2011年（平成23）に上梓された「修道開祖の恩人『十竹先生物語』」である。修道学園のルーツを分かりやすく伝えようと、山田十竹の生涯を振り返りながら、まとめている。

なぜ、長勲公は十竹を抜擢したのか――。

修道学園の正門をくぐると、すぐ目に入るのが山田十竹の胸像である。しばらくは、この「十竹先生物語」をもとに、畠さんの見解を踏まえながら、その歴史を振り返ってみる。

抜擢の理由を、一言で表すなら、十竹の「人材育成」への強い思いが、背景にあった。十竹が人材育成への思いを述べた「待賓説」という文章がある。

1868年（明治元）、十竹が江戸から国元広島への帰途、京都で戦いに出動のため駐屯していた、かつての同志から戦への参加を要請された時に、彼らに示されたものだ。

料理人が持ち場を離れて宴席に出て、お客の接待をしたのでは、料理人の役目は果たせず、客は不快な気持ちで帰ってしまう。今、藩は外には戦争に携わり、内においては「人材の育成」を忘れている、私には人材育成という本来の仕事がある、と言って要請を断ったというのだ。

「道徳を修むるを以て本校の主義とすべし。生徒の品行を正すべきこと」と長勲公から教学の指針が示され、十竹は堅実に教育活動を実践していたが、1886年（明治19）、修道学校に危機が訪れる。浅野家が修道学校の経営から手を引くという事態になった。

この年、広島県は広島中学校を広島尋常中学校と改称、公立の学校にとって長勲公の私的な修道学校の存在が、その支障になるというのが理由だった。

この一大危機に、十竹は修道学校が廃校になることを恐れ、八丁堀の自宅に独力で修道学校を引き継ぐ決意をした。もし、この時の十竹の決断がなかったら、現在の修道は存在しなかった。それ故、十竹は私学修道開祖の恩人と評されているのである。

その十竹の生涯、考え方を学ぶことについて、田原校長は『十竹先生物語』刊行によせてで、次のように述べている。

「当時の世界の中で、日本国家が危機を乗り越え、自国のスタンスを明確にするには『人材育成』を重要視すべきであると説いた。現代の日本国家の混迷に一石を投じる痛烈な問題提起でもあり、国家における『人財育成』の役割を担う教育の重要性を再認識させられた。十竹先生が教育に自らの命をかけて取り組んだ孤高の姿勢は、私たち教育に携わっている教職員を鼓舞し、教育を受け入れる生徒にとっても、なぜ人は学ぶのかという根源的な問いの答えを発見する契機にもなる」

スピードを速めながら、もう少し歴史を振り返ってみよう。

20世紀初めころ、広島は軍都としての様相を深め、物価の高騰などで学校経営は厳しさを増して行った。時を同じくして、十竹は1901年（明治34）8月26日、鬼籍に入った。十竹の思いを受け継ぐ形で、「中学を設立しよう」という機運が盛り上がり、「私立修道中学校」を1905年（明治38）に発足、水山烈が校長になった。

以降、南竹屋町に校舎は移転したものの、落成間もなく火災が起こった。1926年（昭和元）、現在の南千田町に浅野家から無償で土地を譲られ、総合移転し現在に至っている。

原爆からの復興

ここからは、戦後の修道学園の歴史である。1945年（昭和20）8月6日の原爆投下からの復興期から始めよう。

爆心地から約2km。東西に長い校舎は猛烈な風圧で、すべて倒壊した。わずかに南北に長い校舎は倒壊を免れて破損した。せめてもの救いと言おうか、当日は職員生徒のほとんどが、通年動員、建物疎開作業の緊急動員に出動中で、出動を間違えて登校した生徒が1人校舎の中で圧死した以外は、教職員少数の負傷だけだった。

原爆による職員生徒の死者は、教職員6人、生徒は動員中も含めて188人が亡くなった。破損した一部の校舎を片付け、とりあえず4教室を作って9月15日から、授業を開始した。広島市内の被爆した学校の中では、初めて

1948年（昭和23）ごろの修道学園。戦後の授業再開は、修道がいち早く行った

の授業再開であった。

この当時のことを今も鮮明に覚えているのが、東京ドーム代表取締役相談役の林有厚氏だ。林さんは、原爆投下時には、宮島にいたため被爆を受けたが、運よく無事だった。「牛田の実家は完全につぶれていた。それで近くにあった防空壕の中で生活していた。モノがない時代だったけれど、とにかく学校に行けることがうれしかった」と当時を振り返る。

1947年（昭和22）から6・3制教育が実施され、修道も新制度による「修道中学校」になった。翌年、新制度による「修道高等学校」を設置。旧制修道中学校は廃止され、旧制中学校4年は高校1年に、同5年は高校2年にそれぞれ移行、さらに旧制中学校5年の卒業生を、高校3年に編入させた。そして、1949年（昭和24）、新制修道高等学校の第1回卒業式があった。この高校1回生が、前述の林有厚氏でもある。

なお、1952年（昭和27）高校に商業科が併設された。そして、激しい時代の変化で、1959年（昭和34）3月に、「定時制課程第2部夜間」と商業科が廃止となった。

シンボル「色バッジ」

ところで、修道のシンボルでもある「色バッジ」はいつ、誕生したのか——。

1949年（昭和24）中3で白、中2赤、中1黄の中学3学年で同時にスタートした。それ以降、緑、青、金茶の順で加わり、6色学年バッジが完成したのは、1952年（昭和27）である。だから、例えば、白バッジは、1953年（昭和28）—59年—65年—71年—77年……2001年—07年—13年が卒業生ということになる。ちなみに2012年の卒業生は、6番目に当たる金茶だった。生徒や保護者に配られる式次第のパンフレットの色は、金茶に統一されていた。

「校技」はサッカー

修道の歴史を語る上で、忘れてはならないのが、運動部（運動班）の活躍の歴史である。それぞれの班で、その栄光の歴史を持っているが、修道学園の「校技」とも言われるのがサッカーだ。

2012年（平成24）1月3日、OBらによって修道サッカー記念碑「修道蹴球のあゆみ」が、グラウンド東側にあるサッカーキック板に設置された。修道サッカーのさらなる発展を願って、寄贈したものだ。

ＯＢらによって設置された修道サッカー記念碑「修道蹴球のあゆみ」

　1926年（大正15）に創設され、85年を迎えた修道サッカー。過去6度の全国制覇を成し遂げ、とりわけ過去の実績でも群を抜き、オリンピック選手まで輩出している。そのサッカーの栄光の歴史を、修道高校サッカーOB会が作成した「修道蹴球のあゆみ」（1994年刊行）を参考に、振り返ると――。

　全国制覇を飾ったのは、国民体育大会（国体）が1950年（昭和25）、53年、56年、61年の4回。全国高等学校蹴球選手権大会が53年（52年度）と62年（61年度）の2回である。

「メルボルンオリンピックに参加して」との原稿を寄せているのは、高校2回生・下村幸男さん。1956年のメルボルン五輪に、ゴールキーパーとして出場。当時、東洋工業（現在マツダ）に勤務していたが、修道時代の思い出をこう語っている。

「修道のサッカーは決して将来において専門家になろうというものでないから、高校時代にチームメイトといかにして、この時代に最高のものを作るか、高校生としての知恵を結集するよさにかかっている」

1953年1月、決勝戦で韮崎高校を延長線の末、2対1で破った。当時は、広島県代表になることは、全国大会を勝ち抜くより難しかった。国泰寺高校、広島大附属高校などがライバル。全国優勝を飾った大会の県予選決勝では、対広島大附属高校で、再延長戦でも決着がつかず、日没のため翌日再試合。2対1で勝利を収めた。広島高校サッカー史に残る好試合といわれている。

修道OBには、その後、日本代表で活躍した森健兒さん（高校8回卒業）と森孝慈さん（高校14回卒業）の「森兄弟」をはじめ、そうそうたるメンバーが名を連ねている。

第9章　学園紛争と修道

21世紀に入って、次々と新築された修道学園の校舎

学園紛争の歴史

戦後の修道を語る上で、学園紛争の歴史は、どうしてもはずすことができない。広島大学など全国の大学で起きた学園紛争は、修道高校にも波及した。修道高校のすぐ前には、広島大学の学生寮があった。

封鎖解除のために、機動隊が導入され、高校が10日間にわたって休校になった時代でもある。当時の校長は岡島四郎氏。「生徒自身が事の本質を自主的に判断し行動するように命がけの努力をした」と修道学園史にはある。紛争が激化した1969年（昭和44）を中心に、年表形式で振り返ってみる。

1969年（昭和44）

1月18日　デモへの参加要請が校内で行われていたことが分かり、校長室でデモ参加予定者と話し合い。

1月24日　デモ参加の取り決めを公示。届出に対しての許可条件は「平穏な行進」「主催団体の明示」「保護者の承認」

1月30日　生徒の処分を発表。デモに参加したこと事体は、処分の対象にしない。
3月31日　岡島校長就任。
9月ごろ　学園祭で、国旗を揚げない、君が代を歌わない、型にはまった入場行進をしない、閉会式後の万歳三唱をしないなどの運動要求が起こる。
9月19日　「国旗は初めから揚げておく。君が代吹奏はしない、入場行進はやめる、式後みなの健康と発展を祈って万歳三唱をする」の4項目をHRで校長放送。
9月20日　学園祭始まる。無届で反戦フォーク集会。
9月23日　行進の最後をインターナショナルを歌いながらスクラムを組んで行進。
10月6日　大立看板・ビラなどでさまざまな要求出始める。「制服廃止」「職員会議公開」「退学処分全廃」「誓約書全廃」「定期テスト全廃」「卒業式自由参加」「旺文社模試自由参加」「授業自由参加」「デモ集会の自由」。一部生徒が私服登校を始める。

10月15日　生徒会長、制服廃止提案。
10月18日　高校PTA総会。学校より事情説明。
10月23日　全校放送により定期テストは予定通り実施。順位制は廃止することを伝える。
10月24日　臨時休校、高校生徒集会が開かれる。

機動隊導入を要請

そして、学園紛争は佳境に入る。

11月10日　再封鎖が行われるとのうわさで、PTA・同窓会の自主的応援もあり、特別警備体制を取る。封鎖の気配も少なく、午後5時半ごろより、警備解除。7時過ぎ、ヘルメット覆面の生徒20人が高校南校舎に侵入。次いで、北校舎の封鎖開始。教師の説得実らず、頭上より、机やラムネビンが投下される。消化液放射。封鎖反対の生徒との間に衝突流血の危険増大。警察に導入要請、機動隊約150人が到着、「帰れ」「帰れ」のシュプレヒコール。その間に封鎖していた生徒が逃走。うち3人が私服警官によって逮捕された。高校第3回定期テスト中止。中学・高校とも15日まで臨時休校。

11月20日　制服問題はPTA・教師・生徒合同で研究。

12月5日　生徒遵守事項を暫定的に一部改訂。ボウリング場・喫茶店・スケート・ナイター映画の禁止は解除。靴・鞄の規定は削除。

12月10日　高校3年最後の定期テストは無事行われる。

1970年（昭和45）

1月19日　制服問題で生徒・教師・PTAの合同視察団が、長野県の松本深志高校に出かける。

3月18日　PTA常任委員会で制服廃止を了承。校長より「4月1日より制服廃止することを」通知。PTA総会でも説明。

3月ごろ　高校卒業式は例年2月10日ごろに行われていたが、紛争後でもあり、混乱が起きることが予想され、各組ごとに各教室で分散して行われた。

この時代に修道に通っていたOBは、当時の様子をよく覚えている。その中の一人が、中四国地方では最大級の弁護士事務所を開設している、弁護士の山下江さんだ。

山下さんは23回生。1971年（昭和46）の卒業だから、修道の学園紛争最盛期は、高校2年だった。

卒業後、東京大学工学部に進学し、自治会委員長になった。その後、一時期、学生運動に身を捧げる生活だった。しかし、修道学園時代は、いわゆる優等生で、積極的に学園紛争にかかわっていたわけではなかった。

それでも、体育祭の入場行進では、「自由にやるべき」だと、クラス全員がヘルメットをかぶり、スクラムを組んでデモ行進をしたり、また、あるクラスでは、黒ヘルメット黒装束に身を固めて、一列で運動場を一周したりした。「みんなエネルギーが満ちあふれていた」と山下さん。「今思うと、そういうことを自由にやらせてくれた学園の懐の大きさに感動する」とも。当時は、東の麻布高校、西の修道高校と言われていたそうだ。

その東の麻布はどうだったか——。

昭和40年代、大学紛争のうねりは若い世代にも及び、学費値上げ反対や授業改革要求、または髪型や服装の自由化を求めて、各地の高校で運動が展開された。

麻布を揺るがした紛争は、他校とは少々異なる。紛争そのものが、麻布の自由を奪還する闘いへと激化したからだ。

事件は１９７０年（昭和45）、第４代校長の辞任に伴って、新しい校長代行が来たことが発端である。その校長代行が、次々に強権的な「代行命令」を出し、結局、38日間に及ぶロックアウトとなったのだ。その麻布と並び称されたのが、修道だったわけだ。

２０１１年、高校23回生の「卒40周年記念同期大会」が開かれた。当時の恩師をはじめ、同期生97人も参加、幹事を務めた山下さんが「今日、僕らがあるのは、修道で生き方、修道魂といった人間形成を学んだおかげ。騒然とした時代でもあったけれど、僕らの原点を作っていただいた先生方に感謝します」と述べた。

在学中は、ベトナム反戦運動の最盛期で、生徒会と学校側が対立することがしばしばだった。同期大会に出席した恩師から「当時の修道高校は西日本一、高校生運動が盛んで、血気盛んな君たちに学校側も大変だったが、みんな立派になって、先生として誇りに思う」との言葉を受けたという。

大きく変貌遂げる

このような学園紛争を経て、修道は大きく変化した。1978年（昭和53）当時、中学・高等学校を沼田地区に移転しようとの動きもあったが、現在地に落ち着いた。同時に、本館・体育館の新築、既存校舎・プールの大改築などがスタート。その後、校舎などハード面での設備充実は目覚ましい。

2000年（平成12）、第1期工事となる北館が完成、南館（西）、南館（東）、新敬道館の完成、テニスコート・球技コート・弓道場も次々に完成。メイングラウンドの改修工事も完了。2010年の総合体育館の完成で、ほぼ工事は完了した。

2003年（平成15）9月には、修道学園の大先輩でもある平山郁夫画伯創作の原画「希望の光　安芸の小富士」の陶版画が同窓会から寄贈され、本館ロビーに設置された。これら校舎の新築と並行して、制服の全面改定も2003年4月から実施され、修道の新しい歴史がスタートしている。

2012年の「287年祭」は、10月27、28日に開かれる予定だ。

第10章　かっこいい男になれ！

ちょうど20代目となる田原俊典校長。男子校としての改革は待ったなしだ

偶然から生まれた言葉

田原校長が「発案」した「かっこいい男になれ!」。実は、その言葉は、偶然生まれた言葉だった。田原校長も、その「起源」は正確には覚えていない。ただ、「知徳併進」「文武両道」を目指す立派な男を目指そう、との願いを込めて、何かの集会の時に、生徒たちの前で使ったところ、すこぶる評判がよかったのだ。「たぶん、生徒の心の中にストンと落ちたのでしょう。かっこいい男は少し軽い感じもしましたが……」

このため、ある年の中学卒業式で、「かっこいい男になれ!」を意識的に初めて使った。だが、田原校長は、みんなが思うほどには、この言葉を実際には使っていない。漫画「巨人の星」で飛雄馬の父親である星一徹の代名詞ともなっているちゃぶ台返し。あまりにも有名なシーンだが、実は、漫画では一回しか描かれていない。それなのに、私たちの胸に強烈に印象に残っている。もしかしたら、それと同じ図式化かもしれない。それほどインパクトのある言葉だったのだ。

田原校長は、「かっこいい男」について、こう説明する。「『かっこいい男』と『いい、かっこう』とは全く違う。内面的なかっこよさを追求するには、かっこ悪い部分も含めて、自分自身がきちんと向き合う必要がある」と。

陸上100mで五輪へ

その「かっこいい男」を今、一番、具現化しているのは、男子100mでロンドン五輪の切符をつかみ取った、慶応大学2年の山縣亮太選手だろう。修道高校としては、メキシコ五輪（1968年）に、サッカー代表として出場し、銀メダルを獲得した森孝慈選手（高校14回生）以来、44年ぶりのオリンピック選手になる。

代表決定の知らせは、2012年6月11日、山縣選手のところに日本陸連から届いた。日本選手権では3位に終わっていただけに、五輪参加標準記録Aを突破していたとはいえ、緊張で前夜はほとんど眠れなかったという。「仲間は大丈夫と言ってくれたけれど、不安でたまらなかった」。それだけに、喜びもひとしおだった。

発表の2日前、日本選手権が行われた大阪の長居陸上競技場には、修道の陸

ロンドン五輪の陸上100m代表にも選ばれた山縣亮太選手(手前)

上部顧問の松沢慶久教諭も駆けつけていた。右太ももの故障や連戦による疲れなどで、得意のスタートダッシュでリードを奪えず、力みのある走りになってしまった。

その日本選手権を10日後に控えた5月末、慶応大学を訪ねた。痛めていた足も順調に回復していると聞いた。好物の抹茶ソワールを飲みながら、修道が自分に与えてくれたものを聞いた。

それは自主性に、チャレンジ精神だという。修道時代は、陸上に加えて学業も真剣に取り組んだ。みんなが勉強を頑張っているのに、自分は陸上だけ、では満足しなかった。合宿などでは、夜遅くまで受験参考書に目を通した。より高いところに目標を設定し、頑張ることの大切さを、6年間ずっと教えてもらった、という。

その山縣選手の校内壮行会が2012年7月9日、修道学園体育館であった。全校生徒が出席し、母校の「英雄」に熱いエールを送った。

好きな言葉は「邂逅」

「男たちの修道」の最後は、田原校長へのインタビューで締めくくろうと思う。だが、その前に、ちょうど20代目である、田原校長の人となりを簡単に紹介しよう。


1956年(昭和31)、島根県益田市に生まれた。中学時代には、野球部で活躍、島根県大会で優勝もした。その一方、短距離にも秀でた才があり、陸上の大会にも駆り出されていたという。関西学院大時代はバンドを組むなど、音楽に打ち込んだ。卒業後、1981年（昭和56)、岡山白陵中学・高等学校に国語科教諭として採用された。

その教諭1年目に、少々苦い、恥ずべき経験があった。

それは、当時の共通一次試験の国語（漢文）の問題が解けなかったのだ。「恥ずかしかった。当時の理事長からは「この学校から去れ」とまで言われた。「それはもう悔しくて、悔しくて」。1年間、もう死ぬ気で、生徒以上に勉強した。そうすると、生徒を惹きつける授業ができたという。「教師が手を抜かなければ、生徒は必ず付いて来る」と確信した。

1986年（昭和61）から修道中学・高等学校に移った。その時に驚くべき言葉を聞いた。「この学校は衰退サイクルに入っている」というのだ。少々、耳を疑ったが、その言葉に対する猛烈な反発心が湧きあがった。

進路指導部長を経て、2001年4月からは教頭。20代目の校長には、2006年4月、就任した。外から見れば、とんとん拍子のようだが、田原校長曰く「その日、その日を精一杯取り組んできただけ」。

生徒を怒るときには、必ず一対一という姿勢を貫いている。みんなの面前で、叱るのは見せしめでしかなく、生徒には生徒のメンツもあるからだ。まさに、一人の男と男として、対峙している証拠でもある。

183㎝、94㎏のがっしりとした体格である。加えて声も太い。生徒からも「組長じゃ」と皮肉られるが、もっとも大学時代のあだ名も「組長」だった。威厳があるのは大人の特権と笑う。

趣味はギター演奏にゴルフという。教師仲間だけでなく、外部の異業種交流のメンバーとも「おやじバンド」を組む。もちろん担当はギターである。家では恐妻家だという。

好きな言葉は「邂逅《かいこう》」。亀井勝一郎の「絶望からの出発」を高校時代に読み、その中にあった言葉だ。「思いがけなく出会うこと」「偶然の出会い」という意味だが、人生では色々な出会いがあり、その出会いを大切にしたいからだ。出会った時には、必要以上に「反発」してもよくないし、「迎合」し過ぎてもよくない。その意味でも、偶然の出会いを、より有意義なものにすることが重要だと考える。

だが、「邂逅」を好きになったのは、当時、この難しい漢字を知っていたのは、自分だけだったから、とはにかむ。まさに、自身の「知的好奇心」にぴったり当てはまったのだ。

ユーモラスを兼ね備えた周りからの田原評は「修道ＯＢ以上に修道らしい校長」である。バンカラの気質を持った修道に相応しいリーダーと、うるさ型のＯＢも含めて、衆目一致している。

私学は「建学の精神」に尽きる——校長が描く明日の修道

田原校長は、インタビューで、これからの修道について、次のように語る。

——校長に就任して6年が経ちます。修道の象徴である「色バッジ」でいえば、6種類あるバッジが、ちょうど一巡したことになります。この間に、改革できた部分と、まだ発展途上の部分を教えてください。

校長になって、最も力を入れてきたのは、生徒の勉強に対する意識向上と、教員の意識改革だ。東大への合格者だけをとっても、まだまだ十分な数字を出しておらず、発展途上だが、上を目指す意識は、かなり浸透してきた。

例えば、生徒はこれまで「東大なんか雲の上の存在」と思っていたが、東大セミナーに参加するほとんどの生徒が挑戦するなど、より多くの生徒が高みを目指すようになった。また、全力で生徒にぶつかる教員の姿を見ると、頼もしく思う。

その教員に対しては、当初は一部で反対もあったが、人事考課を導入した。導入して8年間が経過し、教員のやる気も目に見える形になった。2012年度からは、事務職員を含めて、教職員全員と「校長面談」をすることにした。

ただ、これまでの「A」「B」「C」評価では、その境界線が分かりにくいとの指摘もあったので、本年度からは特に頑張った教員に対して「特別表彰」する制度へ、発展的に変えた。どの教員も十分頑張っており、すでに全員が「A」評価だと考えたからだ。

公立校の人事は教育委員会が決めるが、修道など私学の教師は、自分から選んで、その学校の教員になった。その意味では、帰属意識も高いし、モチベーションも高い。

教師には「生徒の成長を常にサポートしてほしい」と言っている。生徒を管理するのではなく、自由にさせながら、自然に成長させるという、大変難しい要求をしている。

——修道は私学です。その私学としての独自性を今後、どのように出して行きますか。

どの私学も同じだと思うが、私学は「建学の精神」に尽きると思う。建学の精神とは、有為な人材を育成することだ。そのためには、色々な方法があるが、修道は男子校というシングルスクールとして、これまでも頑張ってきたし、今後も頑張るつもりだ。

ところで、文科省の2011年度調査結果等によると、シングルスクールは全体の1割を切り、20年前の半分以下に減少しているようだ。この共学化現象は、「男女別学」よりも共学の方がより良い教育ができるという、科学的根拠があっての変更ではないと考える。特に私学に関しては、全国の共学化現象のほとんどは、受験生の増加を狙ったもので、少子化の影響による生徒募集の戦略的な改革である。

もちろん男女共学の素晴らしさもあるが、一般的には男子に比べて女子の方が成長も早い。例えば、小学校では男女共学だったのが、中学1年になると、突然、女子が周りからいなくなる。そのため、歯止めが利かなくなるのか、教室・学園内のいたるところでもめ事、言い合い、時に殴り合いのけんかも起き始める。そこで、男同士の本音のぶつかり合いを繰り返すうちに、ある時、「何でそんな馬鹿げたことをしたのか」と自然に気づく。こうした自分が起こした「もめごと」を解消していくことから、「柔軟で強靭な精神力」が生まれる契機となる。これも、男子校としての特有な成長過程の一つだ。

共学の場合、どうしても男女という「性差」が相殺される。それは、男子も女子もそれぞれ、特徴があり、片方だけを強調する教育が難しいため、中間的な教育になるからだ。長年の伝統を持つ修道の学び舎で、どろどろした部分も含めて、「男だけの世界」の6年間を過ごしてほしい。きっと将来にわたっての思い出になると思う。

その証拠に、60歳、70歳になっても、同窓生の修道への帰属意識は高く、理屈抜きに重たいものだ。それが新たな修道の伝統にもつながる。

――修道の弱い部分は、どこでしょうか。

弱いというより、他校とそんなに変わらないと思うのが、国際教育の分野だ。異文化理解と言ってもよいだろうが、修道だからできるという特徴的なものはない。

異文化を理解することで、自分たちの文化に戻ることができる。それが深みのある教育にもつながる。

今の世の中、将来的にこのようになるという確固たるものは、なかなか見出すことはできない。そんな時こそ「柔軟で強靭な精神力」が必要になる。これは、「流行」ではない「不易」の部分になると思うが、その際、国際理解は重要な要素となるだろう。

エピローグ　もっと高みを目指せ

287年の伝統を誇る修道学園。卒業生も３万人になる

「柔軟で強靭な精神力の育成」――。

田原校長は、最近、この言葉をよく用いる。単に勉強ができるとか、いい大学に入ったとか、そのようなレベルを超越した、今の世の中で、最も大切なものであろう。

そのためには、ガチガチに管理するのではなく、自由を基本にするという。学校が自由や自主・自立の看板を掲げることは、ある意味ではたやすい。だが、これを真に追求することは、困難な世の中になっている。困難な時代だからこそ、また、修道の存在価値があるというものだ。

とはいえ、今の修道生は、昔と比べて、かなりひ弱く、母親からの寵愛を受け、過保護なのも事実だ。また、指示待ち生徒が多い。与えられた課題はきちんとこなすが、自分ではなかなか前に進めないのも特徴だ。そんな生徒を、6年かけて、勉学に、スポーツに、人間的に鍛え上げるのが、修道の役割でもある。

「昔はそんなに面倒見がよくなかった」――。

修道のOBたちは、口々に言う。今、以上に生徒を突き離し、自分たちで考えさせる教育を行っていたのだろう。あの学園紛争期だけに限らず、途中でドロップアウトする生徒もいた。それらを全て含めて、修道の代名詞が「バンカラ」だったのもうなずける。

今回の取材で、とりわけ印象的だったのは、修道で教鞭を取る教師の姿である。資質の高い「名門校」だから、底辺校のような苦しみはないだろうとの声も聞かれるが、一人ひとりの生徒に向き合い、志望校合格を達成させることは容易ではない。教師たちは昼夜を問わず粉骨砕身頑張っていたが、どの教師も、楽しそうだった。いや、少なくともそのように見えた。教師の明るい学校は、間違いなくいい学校と言える。

そして、その教師の明るさが、生徒にも当然伝わる。もちろん、生徒それぞれは、悩みを抱えているし、不安なことも多いが、そのバックに信頼できる教師集団がいれば、とりあえず安心できる。

加えて、学校と保護者との結びつきも強く感じた。母親たちも修道が好きなのだ。「モンスターペアレンツ」の言葉が誕生して、かなりの時間が経過するが、学校と家庭がタッグを組めば、大抵の問題は解決するだろう。

さらに、もう一つの柱が「地域」ということになる。今、最もそのつながりが欠如し、また、求められる絆である。そこには3万人を超すOBたちが控えている。時に口うるさい「存在」でもあろうが、暖かく見守る大木のような「存在」には違いない。

「目標を高く持とう」とは、ロンドン五輪に出場する山縣亮太選手が、後輩に送るメッセージである。同じようなコメントは、ほかのOBからも度々聞いた。

修道校歌の4番にある「世の進運に魁《さきが》けん　見よや修道魂」を口にしながら、トップランナーになってほしい、とエールを送る経済人も、本当に多かった。

現在の高校進学率は、定時制を含めると97％を超える。かつてはあこがれだった学び舎は、今は、当たり前の存在になっている。

一方で、少子化の波は一向に収まらない。学校間競争も激しくなるばかりだ。大学入試への挑戦も、高校が帯びる使命の一つには違いないが、もちろんそれだけではない。当然のことだ。

成人への端境期を過ごす高校、それにつながる中学での日々は、その後の人生を大きく左右する。

修道学園には、次の言葉を送りたい。
「もっと高みを目指せ」と――。

卒業生の思い出と提言22人（卒業年次順・五十音順）

私の修道学園時代

東京ドーム代表取締役相談役

林　有　厚（高校1回生）

慶応義塾大学法学部卒業

東京都在住

終戦を迎えた時は、旧制中学の三年生でした。戦火が広がる中、授業は次第に少なくなっていました。原爆投下時は、宮島の「兵器分廠」で労働作業をしていました。ピカドンには直接被爆しましたが、海上遠く離れていたので背中に暑さを感じた程度で助かりました。

牛田にあった家はつぶれてしまい、授業が再開されてからは、本郷町から汽車で片道3時間もかけて、修道に通いました。その間には、本もたくさん読みました。夏目漱石や谷崎潤一郎、森鴎外などです。他校との交わりの中で私の書いた小説「盂蘭盆」が同人会誌に載った文学青年でした。

当時から修道の先生は、親身になって生徒を見守ってくれました。とても、家族的な雰囲気でした。修道では、自分で切り開いていくことの大切さを学びました。受け身ではなく、自分から積極的に動くことが重要です。好きな言葉は「日新」です。

「日々新たに今日の己は昨日の己より新しく前進せよ」という意味です。

1948年、新制高校の第一回生になりました。旧制中学時代の同期には平山郁夫君がいます。日本美術のジャンルを開き、文化遺産を護り、国際平和に貢献した偉大な友人を持てるのは誇りです。

修道の仲間は一生付き合うことのできる仲間です（談）。

校是『知徳併進』『質実剛健』を実践し正道を踏む

広島修道歯科医会会長・広島市歯科医師会顧問

小松昭紀（高校6回生）

東京医科歯科大学歯学部卒業
広島市在住

現在の日本社会は物質的には豊かになりましたが、逆に精神的な豊かさを急速に失いつつあるように思えてなりません。かつては、いたるところに美徳を備えた上質な人がたくさんいました。また、そのような人々によって構成されていた集団も、自ずと高い品格を備えていました。ところが近年、以前にはとても考えられなかったような、ひどい出来事が続発しています。永い年月をかけて培ってきた日本人の道徳観や価値観はどこにいったのでしょうか。

私は縁あって歯科医療の道を歩むことになりましたが、医療の分野においても倫理観が問われています。医療の現場にあっては、医学の理論的知識である「学」と、医学的技術である「術」と、医学的な道徳や倫理である「道」との三要素が備わってこそ真の医療行為ができるのです。正に、修道の校是「知徳併進」そのものの実践に尽きるのです。

修道の生徒諸君の中からは、将来、人の上に立つリーダーになる人も出てくると思いますが、人の上に立つリーダーは、私利私欲を捨てて正道を歩む「無私」の心をもつことが求められます。このことは、時代や組織の規模を越えた普遍の真理です。基本は正道を踏むことです。策略をもって相手を貶めようとすれば、同じ仕打ちが返ってきます。力をかさに着て我を通せば人の心は離れます。相手の顔色を窺い迎合すれば信用は得られません。

毅然とした態度で臨み、正道を踏むことによってこそ、本当の信頼関係を築くことができるのです。正道とは、単に組織や自分にとって正しいということではなく、天に恥じることのない、人間として正しい道という意味です。このことは正に、校是「質実剛健」の教えそのものです。

校歌こそが私の羅針盤

中国電力元取締役社長・山口大学客員教授

白倉茂生（高校6回生）

早稲田大学理工学部卒業

広島市在住

人は誰しも順風満帆の時もあれば、また不調で悩み迷う時もあります。人間である以上何人も避けて通れません。その悩みの多くは仕事上のことが多いものです。それも人それぞれ。年齢や立場により、内容や度合いも異なります。

総じて、それにまつわる人間関係でしばしば一喜一憂します。順調に物事が進んでいるときは良いですが、逆に物事が不調で失敗してしまった場合、失望感が強く、気持ちも暗くなります。気にかからなかった人間関係も、一旦、暗礁に乗り上げると、信頼回復に時間がかかり、悪くすると修復できないことさえあります。高ずれば人間不信にもつながります。

このような落ち込み状態からの浮上、脱出するためには、上司、友人、同窓生、親からのたった「一言」の助言、著名人の格言、開いた書物のなにげない一行、などの言葉がきっかけになるものです。自ら見つけ掴んだものは、その後の人生を生き抜いていく上での「宝物」になり、人生行路の羅針盤となります。ぜひ探し当ててください。

私の羅針盤は、「安芸の小富士」で始まる修道の校歌です。この歌のマーチ風のリズムもさることながら、その詩に散りばめられた言葉の数々が、刻み込まれた先人の歩みとともに、自らの「魂」に共鳴する「何か」を感じるからです。人生の大海原を航行する時、どんな嵐に遭遇しても、校歌を口ずさむと不思議に希望と勇気が湧いてきます。

掛け替えのない友を得た修道時代

衆議院議員
亀井静香（高校7回生）
東京大学経済学部卒業
東京都在住

修道に在籍時の私は優等生とは言い難い学生で、むしろ問題児であったと思います。

その証拠に高校1年生の時、定期を買うための通学証明書発行の有料化に反発し、学校側に抗議するためのビラ配りをして放校処分になってしまいました。

しかし4年間の短い期間でしたが掛け替えのない友を得ました。

私が警察官を辞め、故郷に帰り地盤も看板も無い中で応援してくれる人とてほんの一握り、誰もが絶対当選するはずが無いだろうと予測した衆議院選挙に出馬した折、修道の同級生有志諸君が懸命に応援してくれ、以来11回の選挙の度に応援に駆けつけてくれています。

出会ってから60年以上を経てなお交流が続き、支え続けてくれる友とは今も年に数回会うと当時の思い出話に興じ、また未来を担う次世代への思いや政治経済と話題は尽きず、私に故郷に帰った実感と元気を与えてくれる有り難い存在であります。

私の人生に於いて掛け替えのない宝物に出会わせてくれた修道学園に感謝の念と共に現在校生の諸君にもこの恩恵あらんことを切に願って止みません。

我が母校修道

もみじ銀行特別顧問
山口フィナンシャルグループ取締役会長
森本弘道（高校7回生）
同志社大学経済学部卒業
広島市在住

タイトルの通り「我が母校」という意識は僕たち修道卒業生が、他のどの学校にも負けないと思います。それが何故だか分かりませんが、広島においても誰も異論は差し挟まないでしょう。

僕は病をえて中学2年を2度経験していて、高校を卒業するまでに7年を要していますから、なおさらなのかも知れません。異例ではありますが、同級生が人様の倍いることになります。修道は今年で287年になると聞きます。アメリカの建国が1776年ですから、今年で237年になる計算です。

若いころアメリカに遊学していて「我が母校はアメリカの建国よりも50年も古い歴史がある」とよく自慢したものでした。歴史の浅い国の国民ですから、やたらと古いものにあこがれるのでしょう。よく考えてみれば小国のひがみに過ぎなかったかも知れません。

しかし、歴史と伝統の上にあぐらをかいていると、いつの間にかじわじわと接近され、あっと言う間に、追い抜かされないとも限りません。

少子高齢化の波は学校現場には、想像する以上に大きな影響を及ぼすと思います。ゆめゆめ油断することなかれです。

「修道の実力」を維持発展させるためには、修道を母校とする僕たち一人ひとりが心して、よき市民たれと言いたいです。母校のますますの健闘を祈ります。

男だけの世界・修道

広島信用金庫会長
広島経済同友会代表幹事
高木一之（高校10回生）
慶応義塾大学経済学部卒業
広島市在住

男だけの世界は、ある種特殊かもしれません。遠慮のない、仲間意識の強い6年間です。

とりわけ修道には、色々なタイプの人が集まっていました。そんな人たちと、まさに裸の付き合いをしました。当時は、中学校の3年間はクラス替えもなく、それだけに、本当に濃い結びつきだったと思います。サッカー部の応援にもよく行きました。応援によって、生徒同士の一体感がより強く生まれました。

何事にもストレートに、直球型で行くことの大切さも修道で学びました。先生方も、それを受け止めてくれました。社会に出てからも、この精神は忘れないように心がけています。変に恰好をつけたりするのではなく、自分なりのそのままの生き方で、相手にぶつかるのです。

50歳になった時、「毎年、同期会をしよう」と誰かが言い出しました。4月の第二土曜日と決めていますが、もう20年間以上も続いています。いつも70人近くが集まっています。

そんな時「晩節を汚すなよ」と、時に厳しく、時に優しく声をかけてくれるのも、同級生だからこそです。

所属しているロータリークラブのメンバーも90人のうち20人が修道出身という状況です。修道の伝統の力は、こんなところでも感じられます（談）。

「修道」の二字に誇りと偉大さ

広島県議会議長

林　正　夫（高校11回生）
立教大学経済学部卒業
広島市在住

修道時代は、水泳に打ち込んだ6年間でした。修道は「文武両道」を重視していると言われますが、私の場合は「文」の方はともかく、「武」に関しては、本当に全力を傾けました。専門は自由形の短距離で、キャプテンとして、個性的な部員をまとめることにも力を注ぎました。

また、毎日1万メートル以上を泳ぐ厳しい練習を重ねながら、我慢強さや仲間と協力することの大切さを学ぶことができました。今でも、当時の水泳部の仲間とは始終、連絡を取り合っています。

また、卒業して改めて「修道」の二文字に誇りと偉大さをつくづく感じました。修道出身者は、経済界をはじめ、各分野で活躍されています。42歳の時、県議会議員に初当選して以来、今日まで、修道の諸先輩方、後輩には、さまざまな場面で大変お世話になっています。本当にありがたく思っております。

2000年からは、修道学園の理事長を拝命致しております。最初は「任に非ず」と断りましたが、急激な少子化の進展による生徒数の減少やグローバル化の進展など、教育を取り巻く環境が大きく変わる中、287年の伝統を誇る母校が本県の将来を担う人材を育成する活動の一翼を担うことができればと、微力ながら任に当たらせていただいております。

昔と変わらず、「道を修める」という建学の精神に基づき、「文武両道」を目指す現役の生徒、さらには先生方の粉骨砕身ぶりを見ながら、とても頼もしく思っているところです（談）。

生き方の指針となった校是の「敬」

上田宗箇流家元
上田宗冏（高校16回生）
慶応義塾大学経済学部卒業
広島市在住

修道に入ったころは、戦後12年目で、まさに復興の真っ最中でした。片親の生徒も多い時代。厳しい時代でしたが、明るい雰囲気で、みんなで頑張ろうと切磋琢磨していました。ユニークな先生も多く、おならで火をつける化学の実験は今でも覚えています。

友人に誘われ、トランペットに精を出しました。ブラスバンド部の始まりだと記憶しています。体育祭では、トランペットを吹きながら、行進を先導しました。その時の写真は、今でも机の上に飾っています。

受験校だから、みんな勉強はしましたが、勉強が出来る子が偉い、という雰囲気はありませんでした。みんなそれぞれ自分の得意分野を伸ばしていました。

そういえば、修学旅行に行かずに、今は弁護士になっている弘中惇一郎君ら5人と、一か月山奥の民家を借り切って、一緒に勉強した思い出があります。弘中君には今も、上京したときに月1回、お茶を教えています。

代々、上田家は芸州藩の家老で、藩主である浅野家は「敬」が家訓でもありました。藩校の流れをくむ修道の校是の中にも「敬」があります。今の自分にとっても指針になる言葉です。

昔は、修道には茶室はありませんでしたが、今では立派な茶室も完成し、茶道班も頑張っているようです。忙しくてなかなか母校で茶道の指導はできませんが、陰ながら見守っています（談）。

たかが出身校、されど修道出身

日本赤十字社中四国ブロック血液センター所長
広島赤十字・原爆病院名誉院長

土肥博雄（高校16回生）

広島大学医学部卒業
広島市在住

私は昭和39年3月に修道高校を卒業し広島大学医学部に入学し、昭和45年に卒業しました。つまり、東京オリンピックの年に入学し大阪万博の年に卒業です。その後大学院を経て、血液内科に入局し昭和53年にパリに留学しました。

この頃までは岩森　茂先生からの「修道医会に出てこいよ」という言葉以外に修道出身が役立ったと思ったことなどありませんでした。

大学病院では病棟医長を経験し、昭和59年に広島赤十字病院に第4内科部長として赴任しました。医師以外の人との関係はゼロで、仕事も、遊びも、ゴルフも、お酒を飲むのも皆医者仲間だけの付き合いでした。しかし年齢も38歳となり、親や親戚が病気する時期となり多くの修道の関係者と少しずつ知り合いになり始めました。

平成11年に副院長、平成16年に院長となってからは、さらに医者以外の友人が増え、現在では医者以外の付き合いが、ずっと多くなっています。

なかでも修道は特別で修道学園理事長の林正夫県議会議長には大変お世話になっており、今年4月に日本赤十字社中四国ブロック血液センター所長に就任した時も暖かく迎えてくださり感謝しているところです。

たかが出身校、されど修道出身です。年齢と地位が上がれば上がるほど、修道出身の有難さが身に沁みます。

修道の仲間は生涯の財産

弁護士・自由人権協会前代表理事

弘中惇一郎（高校16回生）

東京大学法学部卒業

東京都在住

私は、小6の夏まで東京で育ち、小学校は自由奔放だったので、生徒も先生も男ばかりで厳しそうな修道に入学したときは、「えらいところに入ったなぁ」と思いました。中1夏の臨海学校では、六尺ふんどしで泳がされましたから（笑）。

しかし、校風に慣れると、毎日がとても楽しかったです。中3の終わり頃美術部に入部し、一時は音楽部やESSを掛け持ちしました。当時の修道はクラブ活動が熱心で、サッカー部はインターハイと国体で全国優勝したほどです。文科系クラブも、県内のリーダー的存在。広島女学院の生徒と仲がよく、我々の同級生の美術部の仲間も2組が結婚しました。

私が中3の時、弟が修道に入学しました。校内の『読書感想文コンクール』で、なんと兄弟で同率1位となり、校内新聞で「弘中兄弟一位を分け合う」と見出しを掲げられたのが懐かしいものです。

受験校ですが仲間を出し抜くようなことがなく、自分の価値観を大切に、納得のいかないことには反論する反骨精神が、修道生にはありました。私の生活信条にも影響を及ぼした気がします。

後輩諸君には「目先の勉強ではなく、好きなことに一生懸命に取り組み、仲間との関係を大切にしてほしい」と言いたい。修道の仲間は生涯の財産になるはずです（談）。

修道と医師

県立広島病院院長
桑原正雄（高校17回生）
昭和大学医学部卒業
広島市在住

袖口に白い線が入った制服に憧れて修道中学に入学したのが半世紀前。ひとむかし前ですが、6年間の学生生活を鮮明に思い出すことがあるのも、これまでの人生において修道が大きな存在であったためでしょう。自主性を重んじた校風が、よく遊び、決して勉強したとはいえなかった学生も個性に合わせて成長させてくれました。

そこには生涯の友人も素晴らしい恩師もいましたが、そのなかでも3年間担任であったM先生は忘れることはできません。学業だけではなく、常に人生とは、人とは何かを教えてくれました。これが教育なのだと理解できるようになったのは、医師になり人の命に直面してからでした。あれは医学の道を目指した高校3年秋ころの面談だったでしょう。「病だけでなく、人がわかる医師になれ。君ならできるし、君に与えられた人生なのだ」との言葉は今でも大切にしています。

修道高校を卒業した医師は多く、当院でもこれまで100名以上の同窓生が勤務しており、現在も188名の医師のうち28名を占めています。いずれも修道健児らしく心温かい医師で、専門的な医療だけでなく、患者さんの気持ちもわかる全人的な医療を行っています。

日本の医療のためにも、修道はこのような若者を育てる土壌を永遠に持ち続けてほしいと願っています。

班活動通じて人間形成

広島修道大学学長
市川太一（高校18回生）
慶應義塾大学法学部卒業
広島市在住

中学の終わり頃から高校3年まで、柔道部に所属し主将も務めました。東京オリンピックが1964年に開催され、その影響で中学1年生が20～30名入部し（23回卒）、中高合わせて100名程度の部員がいました。

練習計画を立てマネージャーを置き、試合の結果を記録するなど、部としての体制をつくりました。主将も任命制をやめ選挙制にしました。柔道部でチームワークやリーダーシップや問題解決能力を養うことができました。

柔道をしたおかげでスポーツをすることが苦にならず、今も週1、2回ヘルスクラブで水泳やウエートトレーニングをしています。

同じ道場で汗を流したおかげで友人、先輩後輩のつながりもできました。各界で活躍されている修道高校の卒業生と、気兼ねなく話ができるのも、修道高校卒だからでしょう。

勉強をする生徒だけでなく、スポーツや文化活動などの多様な班活動を通じて人間形成ができている点を、他の高校と違う修道のブランド力としてもっとアピールをしてほしいと思います。

30年続く「自修会」勉強会

日本IBM最高顧問
大歳卓麻（高校19回生）
東京大学工学部卒業
東京都在住

「自修会」というグループを作っています。32、3歳の頃から、東京在住の高校19回生が月1回集まって、ざっくばらんな勉強会を開いています。もう30年になりますが、よく続いていると思います。

修道時代は卓球に出かけるなど、よく遊びました。中学時代は入試からの解放感もあり、成績も下から数えた方が早かったです。高校に入ると、廊下に成績が貼り出され、大抵は「一ケタ」だったと記憶しています。卒業前に、私の発案で先生方に「感謝状」を贈ることにしました。

ただし少々、皮肉交じりです。古文の先生には「我々を眠りに落とし込ませていただき、幸せな夢を見ることができました。感謝します」というような内容。それでも先生方は大変喜んでくださいました。

就職の際、エンジニアの仕事に就きたいと思って何社かを訪問しました。会社訪問すると、通常は、社内の上下関係がすぐに分かりますが、IBMだけは、誰が上司で、誰が部下か分からない「自由」な雰囲気でした。修道の校風と似通っていたので、選択したのかもしれません。

修道は同級生も多く、その「分布」も広く、色々な生徒がいました。今でもいい友人です。定年になった人も段々増えて来ていますが、付き合いはむしろ広がったり深まったりしています。一緒に山歩きをしたり、12月には、何人かでホノルルマラソンにも挑戦します（談）。

刑事弁護人の洞察力と忍耐力

弁護士
佐藤博史（高校19回生）
東京大学法学部卒業
神奈川県横浜市在住

私の運命は、2年生の進学指導で、故道重哲男先生（日本史）から「君は理系志望だが、文系向きではないか」と言われたときに決まりました。そのときから刑事弁護人のことだけを考えるようになりました。思えば、小学生のとき父に連れられてみた『真昼の暗黒』（冤罪・八海〔やかい〕事件を描いた今井正監督の映画）が私の人生を決めていました。道重先生にそれを見抜いて頂いたのです。

１９７１年東京大学卒業と同時に法学部の助手に採用されましたが、すぐに辞め、その年に司法試験に合格し、2年間の司法修習を経て、１９７４年に弁護士になりました。

以来38年が経過しました。その間刑事弁護だけをしてきたわけではむろんありません。しかし、刑事弁護がもっとも性に合っていました。いくつかの無罪判決を得ましたが、なかでも大きかったのが足利事件です。

理系志望が幸いしましたが、刑事裁判で使われ始めたＤＮＡ鑑定について論文（「ＤＮＡ鑑定と刑事弁護」法律時報１９９３年2月号）を書いたことがきっかけで、足利事件の控訴審の弁護が舞い込みました。菅家利和氏は、ＤＮＡ鑑定が決め手となり、捜査段階で自白しただけでなく、公判でも自白したため、最終段階で否認しましたが、無期懲役の判決を下されていました。１９９３年9月に菅家氏と初めて面会し、30分もしないうちに、私は菅家氏の無実を確信しました。以後その確信が揺らいだことはありません。それから16年後の２００９年5月にＤＮＡ再鑑定によって菅家氏の無実が明らかになるまで、実に長い道のりでした（なお、２０１０年3月の無罪判決までさらに10か月を要しました）。

私に刑事弁護人にもっとも必要な「洞察力と忍耐力」を与えてくれたのが修道高校だったとあらためて思い起こします。

修道流の人材育成法

広島高速交通株式会社代表取締役社長
広島市元教育長

濱本康男（高校23回生）

法政大学法学部卒業
広島市在住

公務員生活の最後、平成21年度から3年にわたり、広島市の教育長として公教育にかかわる機会を得ました。教員出身ではない私にとって、学校教育は未知の分野。就任当時の教育委員会では、21世紀の広島を担う児童・生徒に身に付けさせたいものとして4つの能力を目標に掲げ、取り組んでいました。

その「4つの能力」とは①規範意識②感性③体力④コミュニケーション能力――なのですが、公教育の現場でそれをどのように関連付けて取り組めばいいのか、私学・修道出身の私にはピンとこないところがありました。40数年前に過ごした修道ではどうだったのか……当時を振り返ると、それがまさしく修道流にシンプルに実践されていたことに思い至りました。

当時の修道流「4つの能力」育成法を敷衍《ふえん》すると、①の「規範意識」については（そもそも校名自体そうですが）、知と心のバランスのとれた人間形成を目指すことを校是「知徳併進」として掲げ、②の豊かな「感性」は、個性的な教師陣によるユニークな授業と文武にわたる多彩な班活動を通じて磨き、③の「体力」は、始業前と昼休みの校庭で繰り広げられるカオス的サッカーと、体育の授業でのガライチ（ガラス工場1周）で鍛え上げ、④の「コミュニケーション能力」は、1クラスが50人を超える規模の異能集団での切磋琢磨を通じ、知らず知らず磨かれる――といったところでしょうか。

修道ブランドの核心は、「社会の役に立つ、使える人材」を長年輩出してきたという歴史であり、修道生が今後もそれぞれの持ち場で社会の発展に貢献することで、「世の進運に魁《さきが》けん」人材の供給源としての評価も一層高まるものと信じています。

独立自尊の教育

山口フィナンシャルグループ代表取締役社長

福田浩一（高校23回生）
慶應義塾大学経済学部卒業
山口県下関市在住

慶應義塾大学の元塾長である石川忠雄氏は「独立自尊の人とは」という問いかけに、4つの条件を示されました。

① 人を頼りにせず、自分で考え、自分で判断・実行できる人
② 自分で実行する以上、その結果には自分で責任を負える人
③ 他人に対して思いやりのある優しい心を持った人
④ 自分や他人を卑しめず、自分を大切に、自らを尊重する人

この4つこそ、修道で学んだことではないでしょうか。

我々の在学時には、学生運動が活発で、否応なしに自分で考え、判断せざるを得ませんでした。服装すら自己判断を突きつけられました。

さらに大学進学時の志望校選択では、大いに自由にさせて頂きました。もちろん、その代償は浪人生活でしたが、自己責任でした。

修道の卒業生は連帯感が強いと言われます。しかし真実は皆、優しい心の持ち主で、同窓生でなくとも相手への思いやりの気持ちを発揮するのです。それは時折、甘さにも通じますが……。

そして自らを大切に尊重するあまりに、ユニークな卒業生が多いのも特色でしょう。そんな独立自尊の教育を受けた気がします。そしてそれは私の宝物です。

「知徳併進」を学ぶ

山下江法律事務所所長・弁護士
山下　江（高校23回生）
東京大学工学部中退
広島市在住

わたしが修道で学んだことは、一言で言えば、自分の頭で考え、判断し、行動することでしょうか。先生に質問をする場合でも、必ず、自分の考えを言わないと質問に答えてもらえなかったように記憶しています。

私は、東京大学理科I類（理科系）に現役合格し、工学部に進学しました。30代半ばより司法試験に挑戦し、約3年間の受験勉強の後合格しました。この受験勉強は、司法試験予備校に通いながらの独学でした。

大学の法学部に通うことなく司法試験に短期合格できたのは、修道で学んだことによる学力の高さはもちろんのことですが、一番大きかったのは、やはり、修道で植え付けられた自分の頭で考えて論述をする能力だったと思っています。

現在、私の経営する法律事務所は、弁護士20名・秘書30名を要する中四国最大の事務所となっています。こうした大規模事務所の経営のためには、知識だけでは無理であり、人（所員を始めとしたステークホルダー）や社会との関わりが不可欠です。

修道で学んだ「知徳併進」は、人や社会との関わり方を教えるものであり、この「知徳併進」が、今日の当事務所を支えていると言っても過言ではありません。

世の進運に魁《さきが》けん

フタバ図書代表取締役社長
世良與志雄（高校26回生）
東京外国語大学英米語学科卒業
広島市在住

当時、弁論大会が学校で開かれていて、中学校の部で、入学したばかりの中1の私が優勝しました。中1の子がどうして優勝したのか、と話題になったようです。

平和都市に生まれて、我々はどのような役割を果たすべきか、というタイトルで話したと記憶しています。実家が本屋で、色々な書物に接していたのと、小学校の恩師の影響もあったのかもしれません。

ちょうど中学2年から3年生にかけて、修道は学園紛争の時代でした。私も校門の前に座り込んだりしました。当時は、いかに自己を修練させて、自己を成長させるか——。そんなことを考えていました。その時、担任だった河野富士雄先生たちは、生徒の自主性を重んじながら、暖かく見守ってくださいました。

経営者としてどういう立場を取るべきか？迷いが生じた時、校歌にある「世の進運に魁けん」の理念は、いつも一つの方向性を示してくれます。その後の人生で、バックボーンと言ってもいいかもしれません。

全国の書店に先駆けて、ビデオを取り扱ったり、ポイント制度を導入したり、中古本の販売を始めたのも、まさに「魁」の精神からです。「人種のるつぼ」とも言える修道で6年間を過ごせたのは、私にとって大きな財産です（談）。

持ち続けてほしい「修道魂」

学校法人鶴学園　理事長・総長
鶴　衛（高校28回生）
デラウエア大学大学院　教育学研究科博士前期課程修了　広島市在住

若者の評判がよろしくありません。

若者に向けられる目というのは、いつの時代にあっても厳しいのが相場です。しかし、このところの評価には、気にかかる点があります。それは、学力にせよ意欲にせよ「低下」というよりは、「衰弱」と言ったほうがぴったりする現象を指摘する声が多いことです。

どう対処すべきか判断できかねるような、奇妙な衰弱について問われることが珍しくありません。

例えば、学習時にわからないことが出てきたら、いとも簡単にスキップしてしまいます。それも、まるで不明点など存在していないかのように飛ばしてしまいます。苦しいことや複雑な事態に遭ってもそこから早々と逃げ出す、と見えますが、当人はいとも平静で、不安など微塵も感じていないかのように見えます。

困難は彼らの中で消されているかのようです……それが何か？といったように。

修道中学・高校には、２８７年という長い歴史と伝統から生まれている〝修道魂〟があります。多くの先輩が示してくれているように、困難に敢然と立ち向かい、能動的に行動できる〝修道魂〟を、21世紀の日本を担うこれからの修道生にも引き続き叩き込んでもらいたいものです。

運を信じろ!

衆議院議員

松本大輔（高校42回生）
東京大学法学部卒業
広島市在住

運よく補欠で修道に紛れ込んだ私が学んだこと、それは、「運を信じろ」ということです。ここに書けないようなことばかり記憶に残っている6年間だったのかもしれません。おまけに、「俺、補欠。」は、ちっともかっこいいデビューとは言えません。そんな私に寄稿する資格があるのか、甚だ疑問です。

しかし、この、「運を信じろ」という教訓は、大学生になってからも大いに役立ちました。役満は狙わなければ上がれないからです。会社を辞め、今の道を志した時も、最後は自分の運を信じました。人生冷や汗続きの私の場合、今後も救われ続けるという保証はどこにもありませんが……。

さて、修道への期待も書いてほしいとのことでした。修道への期待は、学校にこうしてほしいという期待ではなく、我々OB、現役生、そしてあのむさ苦しい場所にこれから貴重な青春を捧げようという酔狂な男の子たちが、お互い自分に期待しようということです。

修道魂は、世の進運に魁けんとする気概です。男子トイレと同じく、「一歩前へ」の心意気です。それは、信じることから始まります。「おもしろきこともなき世をおもしろく」。修道に来た人は、それだけで既に運の良い男に違いないのですから。

「しんどい」まで頑張ろう

日本将棋連盟棋士六段
片上大輔（高校52回生）
東京大学法学部卒業
東京都在住

「将棋のプロ棋士」は修道中に入学する前から、将来の目標としていました。将棋のプロになるには、「奨励会」というところに通いますが、この例会は平日に行われており、月に2回学校を休んで、大阪まで試合に行かなければなりませんでした。校長室を訪ね、そのことを告げると、快く受け入れてくれました。

入試で失敗し、全部の学校に落ちて、補欠で修道に入りました。もし、個性を大切にする、自由な校風の修道に入っていなければ、今の自分はなかったかもしれません。

高校2年の秋、三段まで昇段しました。半年に一度の三段リーグ開幕まで少し間が空いたこともあり、その時、大学受験を考え、色々な学校の入試の特徴を研究しました。早稲田・慶応の問題に比べて、東大の2次試験なら、自分に合っている、どうにかなると思いました。文系でしたが、数学は比較的得意だったのが、勝因かもしれません。

後輩には、何でもいいから、自分のやりたいことを見つけて、「頑張りなさい」と言いたいです。それも、「しんどい」と感じるまで頑張ることです。そうしないと目標には達することはできません。

どんな目標を定めたとしても、修道はきっとそれを認めてくれるでしょう。皆さんの個性が、これからの社会で光り輝くことを願ってやみません（談）。

陸上と学業の両立

ロンドン五輪陸上100m代表

山縣亮太（高校63回生）
慶応義塾大学総合政策学部2年
神奈川県在住

修道時代は、陸上に打ち込んだ6年間でした。高校1年の時、国民体育大会の100mで優勝しましたが、記録が伸びない時期もありました。修道は基本的には、練習も生徒本人の自主性に任されており、自分たちで考える習慣がつきました。

周りの友人は勉強も頑張っていたので、自分も陸上だけに「逃げる」というのはイヤでした。だから、大学入学も推薦の話もありましたが、AO入試で受験しました。慶応の競走部（陸上部）も修道に雰囲気が似ていて、監督からの技術的なアドバイスはそんなに多くはありません。日本陸連の合宿で受けたアドバイスを、自分なりに消化しながら日々の練習に生かしています。

「ロンドン五輪」は夢物語でしたが、記録も上がり、男子100m走、男子400mリレーで、代表に選ばれました。五輪では、自分の出来ることのすべてを見せたいと思います。

後輩に言いたいことは、逃げないでほしいということ。「満足」の基準は他人が決めることではなく、自分が決めることです。その意味で、より高いところを目指してほしいです。

部活と勉強を両立するのは、簡単なことではありませんが、修道には「文武両道」の伝統があり、自分で道を切り開くことのできる、すばらしい環境があると思います。みなさんも頑張ってください（談）。

おわりに

修道中学・高等学校で陣頭指揮を取るのが、本書の中でも何度も取り上げた田原俊典校長である。その威風堂々した姿と、反比例するかのような繊細さに、生徒の母親たちも魅せられているらしい。

中学受験を乗り越えて入学手続きを済ませる子どもたちと一人ずつ握手を交わす「恒例」の取り組みも、ずっと続けている。

今回、生徒の母親にも多くの意見を聞いた。どの母親たちも、修道のことを話すのが楽しくてしようがないようにみえた。ある母親曰く。

「私は公立に通っていたけど、楽しい思い出はあんまりなかった。絶対無理だけど、私も修道に通いたかった」と。

学園生活はまずは、楽しいことが一番である。勉学に励む生徒、スポーツに打ち込む生徒、ある意味、オタク系の生徒……。それぞれが互いを認め合って、学園生活を送ることが、やはり一番重要ではなかろうか。

もちろん、現在の経済状況の折、私学の中高校に6年間通うことができるのは、恵まれた人たちの集団かもしれない。6年で300万円以上のお金がかかるのも事実だ。

ある母親が発した「色々な人たちと出会う『先行投資』と思えばいい」という言葉は印象的だった。今も脳裏に残っている。

確かに、昔に比べて修道生はおとなしくなった、小さくまとまっているという「批判」も耳にする。何も修道生だけの特徴ではないだろうが、バンカラのイメージが強かっただけに、余計にそのように思われるのだろう。

さらに、修道中・高校に対しての抜本的な改革を促す声も聞いた。例えば、男女共学などもその一つだ。その背景には、今後益々続くと思われる少子化現象や、出口の見えない経済不況などによる生徒減少の恐れがあるからだ。

少し誇張して言うなら、広島では修道が元気になれずして、ほかの私学が元気になることは考えにくい。また、そのことで「公立も含めて、広島の学校全体も元気になる」と思う。

さらに言えば、「広島の街全体も元気になるかもしれない」。それほど287年の伝統、多くの卒業生を抱える修道の影響力は大きいのである。

最後に、お忙しい中、田原俊典校長や山内俊二教頭をはじめ、修道学園の教師、在校生、卒業生、保護者、広島市の学校関係者など、多くの方々に貴重な時間を割いてもらい、インタビューに応じていただきました。感謝申し上げます。『男たちの修道』が、現在の中学・高校の教育問題を考える一助になれば幸いです。

2012年　初夏

井川　樹

修道学園のデータ

※出典はすべて修道学園

校歌

作詞　小原益次郎
作曲　渡辺　弥蔵

一、安芸の小富士に茜《あかね》さし　希望の光輝けば
狭霧《さぎり》に迷う雲はれて　万象栄光《はえ》を享《う》くる時
若き健児の血は湧《わ》きて　高き理想に生くるなり

二、宇品の海に射す月の　真澄《ますみ》の影の漂《ただよ》えば
流光《りゅうこう》遠く島淡《あわ》く　波に久遠《くおん》の韻《ひびき》あり
その霊感にうたれつつ　深き思索に浸《ひた》るかな

三、おお秀麗《しゅうれい》の瀬戸の海　その環境に育《はぐく》まれ
古き歴史を伝えたる　この学び舎《や》に集《つど》う児《こ》を
送り迎えて年々に　主張は長し我が校是《こうぜ》

四、知徳併進経《たて》となり　質実剛健緯《ぬき》となる
この大旆《たいはい》を翻《ひるがえ》し　自治向上の元気もて
世の進運に魁《さきが》けん　見よや修道魂を

修道中学校・修道高等学校歴代校長

初代	山田養吉	1886年（明治19）～1901年（明治34）
2代	水山　烈	1901年（明治34）～1917年（大正6）
3代	江藤栄吉	1917年（大正6）～1920年（大正9）
4代	古賀円太	1920年（大正9）～1929年（昭和4）
5代	佐々田精一	1929年（昭和4）～1935年（昭和10）
6代	吉田賢龍	1935年（昭和10）～1942年（昭和17）
7代	国崎　登	1943年（昭和18）～1945年（昭和20）
8代	及川彌平	1946年（昭和21）～1950年（昭和25）
9代	内藤　匡	1950年（昭和25）～1951年（昭和26）
10代	山尾政治	1951年（昭和26）～1958年（昭和33）
11代	晴山省吾	1958年（昭和33）～1962年（昭和37）
12代	山代辰治	1962年（昭和37）～1969年（昭和44）
13代	岡島四郎	1969年（昭和44）～1973年（昭和48）
14代	森田晴夫	1973年（昭和48）～1979年（昭和54）
15代	楢﨑達二	1979年（昭和54）～1987年（昭和62）
16代	種田　豪	1987年（昭和62）～1992年（平成4）
17代	河野富士雄	1992年（平成4）～1995年（平成7）
18代	畠　眞實	1995年（平成7）～2004年（平成16）
19代	坪井　悟	2004年（平成16）～2006年（平成18）
20代	田原俊典	2006年（平成18）～

修道中学校・修道高等学校歴代PTA会長

会長	改選期
林 興 一 郎	1948年（昭和23）～1958年（昭和33）
沼 田 喜 美	1959年（昭和34）～1961年（昭和36）
山 中 忠	1962年（昭和37）
白井修一郎	1963年（昭和38）～1965年（昭和40）
蔵 田 明	1966年（昭和41）～1968年（昭和43）
松 尾 明	1969年（昭和44）～1970年（昭和45）
石 井 茂 樹	1971年（昭和46）～1972年（昭和47）
藤 井 成 之	1973年（昭和48）～1974年（昭和49）
広 谷 正 喜	1975年（昭和50）
大 野 輝 夫	1976年（昭和51）～1977年（昭和52）
久保田剛二	1978年（昭和53）
鵜 野 俊 雄	1979年（昭和54）～1984年（昭和59）
加 計 正 弘	1985年（昭和60）～1986年（昭和61）
奥 川 紀 博	1987年（昭和62）～1989年（平成元）
貫 名 賢	1990年（平成2）～1992年（平成4）
加 藤 和 行	1993年（平成5）
中 村 成 朗	1994年（平成6）～1995年（平成7）
河 野 博 行	1996年（平成8）
中 村 幸 信	1997年（平成9）
羽 井 紀 行	1998年（平成10）～1999年（平成11）
渡 邊 文 衛	2000年（平成12）
堀 田 和 志	2001年（平成13）
堂 本 好 壮	2002年（平成14）～2003年（平成15）
竹 末 修 三	2004年（平成16）
沖 清	2005年（平成17）
藤 田 一 幸	2006年（平成18）
岩 井 肇	2007年（平成19）
世良與志雄	2008年（平成20）
藤 田 省 蔵	2009年（平成21）
若 宮 克 彦	2010年（平成22）
中 川 義 基	2011年（平成23）
鵜 野 徳 文	2012年（平成24）

修道学園（中・高校）同窓会歴代会長

会　長	卒業年度	改　選　期
松本正六	旧中9回	1949年（昭和24）6月1日
本田信市	旧中1回	1953年（昭和28）1月16日
岩井　章	旧中8回	1954年（昭和29）1月23日
中野重美	旧中18回	1971年（昭和46）5月26日
土谷太郎	旧中34回	1984年（昭和59）7月2日
森本弘道	高校7回	1990年（平成2）5月10日
大下龍介	高校7回	1996年（平成8）3月30日
大田哲哉	高校11回	2005年（平成17）3月23日
高木一之	高校10回	2011年（平成23）4月1日

東京大学・京都大学合格者の推移（単位：人）

入試年度（西暦／和暦）	1961	'62	'63	'64	'65	'66	'67	'68	'69
	昭36	37	38	39	40	41	42	43	44
卒業生数	355	355	416	416	416	480	463	467	467
東大	9	7	11	8	12	15	23	22	入試なし
京大	16	20	19	15	20	17	28	21	17

入試年度（西暦／和暦）	'70	'71	'72	'73	'74	'75	'76	'77	'78
	45	46	47	48	49	50	51	52	53
卒業生数	457	448	448	463	456	456	456	384	381
東大	21	19	13	15	13	13	14	17	15
京大	8	27	25	25	14	15	16	19	16

入試年度（西暦／和暦）	'79	'80	'81	'82	'83	'84	'85	'86	'87
	54	55	56	57	58	59	60	61	62
卒業生数	392	383	385	382	378	383	385	414	390
東大	10	6	10	12	11	15	17	6	16
京大	18	10	22	22	21	17	18	22	20

入試年度（西暦／和暦）	'88	'89	'90	'91	'92	'93	'94	'95	'96
	63	平元	2	3	4	5	6	7	8
卒業生数	398	386	392	395	406	395	352	339	341
東大	22	14	15	17	15	13	17	11	18
京大	15	11	22	14	14	21	19	19	11

入試年度（西暦／和暦）	'97	'98	'99	2000	'01	'02	'03	'04	'05
	9	10	11	12	13	14	15	16	17
卒業生数	326	330	322	327	316	324	321	331	286
東大	12	6	10	13	14	11	8	9	8
京大	12	9	12	11	11	8	16	18	10

入試年度（西暦／和暦）	'06	'07	'08	'09	'10	'11	'12
	18	19	20	21	22	23	24
卒業生数	290	276	289	280	278	288	279
東大	5	9	4	17	16	9	9
京大	6	18	5	12	9	9	6

超難関10大学と国公立医学部の合格者推移（単位：人）

大学	2007			2008			2009			2010			2011			2012		
	現役	既卒	計	現役	既卒	計	現役	既卒	計	現役	既卒	計	現役	既卒	計	現役	既卒	計
東大	**5**	4	9	**2**	2	4	**9**	8	17	**7**	9	16	**4**	5	9	**7**	2	9
京大	**15**	3	18	**3**	2	5	**7**	5	12	**2**	7	9	**7**	2	9	**2**	4	6
阪大	**6**	6	12	**7**	7	14	**11**	12	23	**11**	4	15	**12**	11	23	**8**	5	13
一橋大	**0**	2	2	**2**	1	3	**1**	1	2	**1**	2	3	**1**	1	2	**2**	3	5
東工大	**1**	1	2	**2**	0	2	**0**	2	2	**2**	0	2	**1**	3	4	**0**	1	1
5大学	**27**	16	43	**16**	12	28	**28**	28	56	**23**	22	45	**25**	22	47	**19**	15	34
九大	**4**	3	7	**7**	3	10	**13**	4	17	**8**	1	9	**6**	2	8	**4**	11	15
神大	**6**	3	9	**7**	1	8	**6**	2	8	**6**	5	11	**5**	4	9	**7**	2	9
名大	**1**	1	2	**3**	1	4	**1**	2	3	**2**	1	3	**6**	1	7	**1**	0	1
東北大	**2**	3	5	**0**	1	1	**2**	2	4	**1**	0	1	**3**	1	4	**2**	0	2
北大	**0**	1	1	**0**	5	5	**1**	2	3	**0**	2	2	**2**	1	3	**1**	2	3
10大学	**40**	27	67	**33**	23	56	**51**	40	91	**40**	31	71	**47**	31	78	**34**	30	64
10大学＋医・医	**44**	39	83	**37**	33	70	**53**	52	105	**44**	44	88	**58**	47	105	**43**	48	91

※「医・医」は国公立のみ（防衛医大・自治医大を含む）

2012年度の大学入試合格者実績（単位：人）

2012（平成24）年5月1日現在

【国公立大学】

北海道大	3
東北大	2
埼玉大	1
千葉大	3
電気通信大	2
東京大	9
東京医科歯科大	1
東京外語大	1
東京学芸大	2
東京芸術大	1
東京工業大	1
東京農工大	1
一橋大	5
横浜国立大	3
山梨大	1
静岡大	1
名古屋大	1
名古屋工業大	1
三重大	1
京都大	6
京都教育大	1
大阪大	13
神戸大	9
鳥取大	2
岡山大	3
広島大	26
山口大	6
徳島大	2
香川大	4
愛媛大	7
高知大	1
九州大	15
九州工業大	2
福岡教育大	1
長崎大	1
大分大	1
鹿児島大	3
国立大学計	**143**
首都大学東京	2
横浜市立大	1
静岡県立大	1
愛知県立大	2
大阪市立大	1
県立広島大	2
広島市立大	3
福山市立大	1
下関市立大	1
北九州市立大	1
公立大学計	15
国公立大学計	**158**

【準大学】

防衛大学校	2
海上保安大学校	2
防衛医科大学校	3
準大学計	**7**

【私立大学】

青山学院大学	3
慶應義塾大	19
上智大	3
中央大	18
東海大	3
東京理科大	24
日本大	7
法政大	5
明治大	31
立教大	3
早稲田大	38
同志社大	61
立命館大	75
関西大	11
関西学院大	25
広島修道大	15
その他私大	120
私立大学計	**461**

参考文献

・「修道學園史（昭和32年発行版）」（学校法人修道学園）
・「修道學園史（昭和53年発行版）」（学校法人修道学園）
・「修道蹴球のあゆみ」（修道サッカーOB会）
・「修道開祖の恩人・山田十竹物語」（修道学園史研究会）
・「285年祭　講演『修道はなぜ藩校の流れを汲んでいると言えるのか』」（修道学園史研究会）
・「私学わーるど（2011年度版）」（広島県私立中学高等学校協会）
・「広島学院の半世紀」（広島学院中・高等学校）
・「名門高校ライバル物語」（宮島英紀・小峰敦子著＝講談社）

井川　樹（いがわ・いつき）

ライター。教育、医療、福祉、文化、地域問題などのテーマについて、取材・執筆を手がける。「男たちの修道」が、初のルポルタージュ作品。

男たちの修道

二〇一二年八月一〇日　初版第一刷発行
二〇一二年八月二十二日　初版第二刷発行

著　者　井川　樹
発行者　西元　俊典
発行所　有限会社　南々社
広島市東区山根町二七―二　〒七三二―〇〇四八
電　話　〇八二―二六一―八二四三
ＦＡＸ　〇八二―二六一―八六四七
振　替　〇一三三〇―〇―六二四九八
印刷製本所　モリモト印刷株式会社

ISBN978-4-931524-99-6